Paul Reiners

Anmerkungen zu einem Masterstudiengang Devianz-

management an Fachhochschulen für Sozialarbeit

Bei diesem Buch handelt es sich um die aktualisierte und erweiterte Fassung der am 12.11.2007 an der Juristischen Fakultät der Ruhr-Universität Bochum im Masterstudiengang Kriminologie und Polizeiwissenschaften eingereichten Masterarbeit „Zur kriminalpolitischen Relevanz der Einrichtung eines Aufbaustudienganges Devianzmanagement für Sozialarbeiter an der Hochschule Niederrhein" zur Erlangung des akademischen Grades Master in Criminology and Police Science.

Für Petra, Lisa und Jan

Bibliografische Informationen der Deutschen Bibliothek: Die Deutsche Bibliothek verzeichnet diese Publikation in der Deutschen Nationalbibliografie; detaillierte bibliografische Daten sind im Internet über http://dnd.ddb.de abrufbar.

Impressum
© 2008 Paul Reiners
Umschlaggestaltung: Paul Reiners
Herstellung und Verlag:
Books on Demand GmbH, Norderstedt
Lektorat: Catia Monser, Eggcup-Verlag
ISBN-13: 9783837058796

Ausschließlich der besseren Lesbarkeit wegen wird im Text jeweils die männliche Form benutzt.

Inhaltverzeichnis

Einleitung und Absicht der Arbeit

Nach Schätzungen[1] konnte 1998 jeder vierte Abgänger einer Hochschule für Sozialwesen eine Anstellung in einem Bereich finden, der sich im weitesten Sinn als Straffälligenhilfe bezeichnen ließe (vgl. Höflich 1998, 21). Parallel zu dieser Entwicklung wird von verschiedenen Autoren beklagt, wie unzureichend das Grundstudium die Absolventen der Fachhochschulen für Sozialarbeit auf eine Tätigkeit in diesem Bereich vorbereitet. Waren es zuvor Überlegungen, einen Aufbaustudiengang einzurichten, der durch berufsbegleitende Qualifizierung diesem Mangel abhilft, sind es nun Konzepte für einen nicht konsekutiven, berufsbegleitenden Masterstudiengang.

Die Idee der Einrichtung eines Aufbaustudienganges für Akteure in der Straffälligenhilfe ist keineswegs neu. Neben anderen Publikationen hat sich die Zeitschrift „Bewährungshilfe" in mehreren Ausgaben[2] schwerpunktmäßig mit Fragen der Aus- und Fortbildung, der Spezialisierung und der Qualifizierung für im Arbeitsfeld Straffälligenhilfe tätige Sozialarbeiter beschäftigt. Bereits im Jahr 1998 sollte nach der Absicht einer Autorengruppe in Kooperation mehrerer Hochschulen, von Praktikern und dem DBH[3]-Bildungswerk ein Aufbaustudium „Recht und Kriminologie in der Strafrechts-

---

[1] Auf welche Grundannahmen die Schätzungen beruhen, belegt Höflich im Text nicht.
[2] BewHi 3/92, 3/95, 1/98 und 4/05.
[3] Deutsche Bewährungshilfe e. V.

pflege"[4] angeboten werden. Schließlich hat als weitere Gruppierung der Landespräventionsrat Niedersachen mit dem Beccaria-Center unter der Bezeichnung „Präventionsmanagement"[5] einen Aufbaustudiengang konzipiert und an der Universität Lüneburg betreibt Maelicke die Einrichtung eines Masterstudienganges „Devianzmanagement".[6]

Stellvertretend für gleichartige Bestrebungen der Einrichtung von Aufbaustudiengängen wird mit der Bezeichnung Devianzmanagement Begriff und Begründung seiner Notwendigkeit von Maelicke aufgegriffen, die im Folgenden als Leitvorstellung verwendet wird. Insofern soll auch einstweilen der Festlegung von Maelicke gefolgt werden, mit der Devianz in diesem Zusammenhang im Grundsatz auf "normenabweichendes Verhalten" reduziert wird. Wobei mit "Normen" nur strafrechtlich relevante, weil mit Strafen bewehrte Verhaltensnormen gemeint sind" (Maelicke 2006, 58). In dieser Verdichtung geht es bei devianten Personen also um Straftäter.

Maelicke (ebd.) propagiert sowohl die Qualifizierung der Politik als auch die des Personals in der Straffälligenhilfe für deren Arbeit im Einzelfall (casework).

Darüber hinaus aber auch eine Qualifizierung der Führungsebene im Arbeitsfeld (Devianz-Management), um sich einzelfallübergreifend in Prozessnetzwerken souverän mit anderen bewegen zu können. Dazu ist sys-

---

[4] Autorengruppe, BewHi 1/1998, 24 ff.
[5] Beccaria-Center, Zwischenbericht: Stand Nov. 2006.
[6] Vgl. Universität Lüneburg intern, Aktuelle Informationen der Universität Nr. 7/12.05.2006.

10

tematisch erworbenes und trainiertes Anwender-Know-how des damit verbundenen Management-Instrumentariums und die Fähigkeit zu interdisziplinärem Arbeiten notwendig (vgl. Maelicke 2005).
Dem soll als Arbeitshypothese gefolgt werden. Ein Aufbaustudiengang Devianzmanagement richtet sich demnach an Sozialarbeiter, die im Bereich der Straffälligenhilfe Leitungs- und Führungsaufgaben wahrnehmen, oder wahrzunehmen beabsichtigen.

Diese Arbeit geht der Frage nach, was bislang die Implementierung eines solchen Ausbildungsganges für Absolventen einer Fachhochschule für Sozialarbeit in Deutschland verhindert hat und welche kriminalpolitische Bedeutung eine erfolgreiche Umsetzung haben könnte. Damit ist zwangsläufig auch die Frage verknüpft, inwieweit der interdisziplinäre Austausch zwischen Akteuren im Arbeitsfeld Straffälligenhilfe und der Kriminologie bislang gelungen ist und welchen Beitrag dazu ein Aufbaustudium Devianzmanagement als nicht konsekutiver, berufsbegleitender Masterstudiengang an einer Fachhochschule für Sozialarbeit leisten kann.

Nach qualitativer Analyse der Beiträge der Autorengruppe und des Beccaria-Centers soll der Versuch unternommen werden, die gewonnene Erkenntnis in Grundzügen modellhaft und unter Berücksichtigung der realen Gegebenheiten für die Einrichtung eines realen Masterstudienganges Devianzmanagement an der Fachhochschule Niederrhein umzusetzen.

Die Quellen

Gegenstand des Diskurses sind schwerpunktmäßig zwei Veröffentlichungen zur Einrichtung eines Aufbaustudienganges, der sich in seiner Intension und seinen Inhalten unter der Bezeichnung Devianzmanagement subsumieren ließe, wobei die Veröffentlichungen jeweils von einer Gruppe von Autoren getragen werden. Dabei handelt es sich um:

- *„Recht und Kriminologie in der Straffälligenhilfe – neue Arbeitsansätze der Sozialarbeit"*, Autorengruppe Cornel, Deichsel, Grosser, Höflich, Huchting und Lehmann, in: BewHi 1/1998, 24-30
- *„Beccaria-Center: Aus- und Weiterbildung in der Kriminalprävention"*, Zwischenbericht: Stand Nov. 2006, Autorengruppe Marks, Meyer und Coester, http://www.beccaria.de/Kriminalpraevention/ de/Dokumente/beccaria_zwischenbericht.pdf, zuletzt abgerufen am 10.11.2007.

Hinsichtlich der empirischen Daten wird auf die Untersuchung von Kurze (1999), *„Soziale Arbeit und Strafrecht"* zurückgegriffen, die im Auftrag vom Bundesministerium der Justiz und den Landesjustizverwaltungen die Arbeit von Gerichts-, Bewährungshilfe und Führungsaufsicht zum Gegenstand hatte. Die Befragung erfolgte Ende 1994, Anfang 1995 per Fragebogen und richtete sich an sämtliche in den Sozialen Diensten der Justiz beschäftigte Sozialarbeiter.

Die Schwerpunktsetzung auf Veröffentlichungen von Autorengruppen wird von der Annahme geleitet, dass solche Beiträge zur Theorie eines Ausbildungsgangs schon eine intensive innere Diskussion durchlaufen haben und von individuellen Präferenzen weitestgehend frei sind. Indem die Evidenz der Einzelbeiträge den Filter der Gruppe durchlaufen hat, gewinnen sie einen Bedeutungsanspruch, der über den individuellen Anspruch hinaus geht. So bilden sich Typen und Argumentationsmuster ab, die den Zugang zu den Begründungszusammenhängen erleichtern.

Qualitative Sozialforschung

Die Ausführungen der Autorengruppen werden, – und dies nicht als Widerspruch zu der eben gemachten Feststellung – mit Veröffentlichungen einzelner Autoren kontrastiert. Damit folgt diese Arbeit den Überlegungen von Glaser und Strauss (1967) zur Grounded Theory. Sie bemängelten die Überbetonung der Überprüfung von Hypothesen zu Ungunsten der Erforschung ihrer Genese. Gerade in der Kontrastierung von Grounded Theories, d. h. solcher, die auf empirischen Daten und Einsichten beruhen, mit logisch-deduktiven Theorien erweise die Angemessenheit einer theoretischen Vorstellung für die Realität, wobei das eben nicht getrennt von dem Prozess ihrer Entstehung bewertet werden könne (vgl. Lamnek 2005, 101).

Methodisch stützt sich diese Arbeit auf die qualitative Analyse der Veröffentlichungen zur Notwendigkeit und inhaltlichen Ausgestaltung eines Aufbaustudienganges für Sozialarbeiter. Im Vordergrund steht dabei die Frage nach der Begründung der Notwendigkeit.

Das interpretative Paradigma

Das interpretative Paradigma versteht soziale Wirklichkeit als durch Interpretation konstruiert (vgl. Lamnek 2005, 34 ff.). Mängel in der Ausbildung der professionellen Straffälligenhelfer sind nicht Mängel an sich, sondern werden erst zu Mängeln, weil sie von jemand so markiert werden. In einem deutenden, interpretierenden Sinn soll durch Entcodierung und Rekonstruktion Zugang zu einem tieferen Verständnis des Begründungszusammenhanges erreicht werden. So werden einerseits die Absichten und kontextualen Zusammenhänge der einzelnen Autoren verdeutlicht und andererseits eine Antwort auf die Frage möglich, was eine Implementierung nachhaltig verhindert hat. Damit geht das interpretative Paradigma über die grundlegende Kommunikations- und Entcodierungsprobleme hinaus, wie sie Watzlawick (1969) und Schulz von Thun (1981) aufgezeigt haben.

Theorie/Praxis Verständnis

Gegenstand des Diskurses ist zwangsläufig auch die Frage nach dem Gelingen und Gelingenkönnen des Transfers von wissenschaftstheoretischen Erkenntnissen in die Praxis. Hier sollen insbesondere die qualitativen Analysen der Publikationen von Praktikern aus dem Arbeitsfeld weiteren Aufschluss über die Innensicht geben, ohne dass einer strengen dichotomischen

14

Auffassung gefolgt wird und Theorie und Praxis als zwei verselbständigte Elemente angesehen werden. Kleve (vgl. Kleve 2002) sieht Soziale Arbeit ambivalent, worin die Unmöglichkeit darin liegt, sich innerhalb einer Profession oder Disziplin eindeutig praktisch und theoretisch zu identifizieren, so dass Soziale Arbeit als postmoderne Profession eine Profession und Disziplin der Vielfalt, der Pluralität, der Heterogenität und der Komplexität bleibt.

In jeder prinzipiell als zielführend angelegten Handlung realisiert sich eine Annäherung an das Bild, das der Handelnde sich vom Ergebnis seiner Handlung gemacht hat. Ohne dass ihm dies immer bewusst sein muss – und in den wenigsten Fällen ist das so – aktualisiert der Praktiker in seiner Handlung alle Vorstellungen die er aufgrund eigener Erfahrung und der Adaption des Wissens und der Erfahrung anderer über die als Ziel als Sache verinnerlicht hat. So wird praktisches Handeln verstanden als handlungsleitende Nutzung gesellschaftlich akkumulierter und eigener konkreten Erfahrungen (vgl. Bader 1987, 23).

Die Verwendung der Bezeichnung Praktiker kollidiert mit der begrifflichen Festlegung von Kaiser (vgl. Kaiser 1993, 281), dass praktische Kriminalpolitik vorwiegend von Juristen ausgeübt wird. Zum einen bezeichnet „vorwiegend" aber nur eine Präferenz, die nicht ausschließt, dass auch Sozialarbeiter ihren praktischen Beitrag zur Kriminalpolitik leisten, zum anderen ist es das Demonstrandum dieser Arbeit, eben das aufzuzeigen.

Theorie und Praxis werden als zwei Pole eines Verhältnisses gesehen, die nicht entgegengesetzt sind, sondern im *Hinblick auf ein konkretes Ziel der Arbeit* analysiert werden können (vgl. Bader 1987, 24). Auch Riege (vgl. Riege 1996, 135) hält den Streit um das Verhältnis von Theorie und Praxis für überwunden, der ohnehin in dieser Form fiktiv war, da sozialarbeiterisches Handeln wegen der – wenn auch nicht immer bewussten – Vorstellungen über die Probleme, auf die reagiert wurde, nie voraussetzungslos praktisch gewesen ist. Dem steht nicht entgegen, dass es Ziel einer angemessenen Ausbildung für die sozialarbeiterische Berufsausübung sein muss, „den Zusammenhang von Theorie und Praxis klarzumachen, theoretische Erkenntnisse praktisch zu überprüfen und die Ergebnisse dieser Überprüfung in den Prozess der Theorieentwicklung einfließen zu lassen" (Bader 1987, 25).

KAPITEL I

Akteure im Arbeitsfeld Straffälligenhilfe

1.1 Die Freie Straffälligenhilfe

Mit dem als Strafform auf längere Zeit angelegten Freiheitsentzug verliert der Gefangene durch diese Exklusion seine Autonomie und die Fähigkeit der Teilhabe an der Gemeinschaft, von deren Wohlwollen er nun mehr als zuvor abhängt. Unabhängig von der Absicht der Strafenden boten sich Gefangene schon immer als Objekt von Fürsorge und Gegenstand emotionaler Zuwendung an, wenn damit auch ihre Lage nicht grundlegend geändert werden konnte. Aber sie wurde im Grundsatz als bemitleidenswert und hilfsbedürftig angesehen.

Dass sich im Alten Testament (Hebräer 13,3) im Kontext von Bruderliebe und Gastfreundschaft ein Appell zur Solidarität mit Gefangenen findet, verwundert nicht; war das Volk Israel doch selbst Gefangener der Ägypter. Aber auch im Neuen Testament (Mathäus 25,43) ist der Besuch von Gefangenen im Gefängnis ein tugendhaftes und lobenswertes Verhalten, das zu tadeln[7] ist, wenn es nicht erfolgt. Frehsee weist in diesem Zusammenhang unter Bezug auf Haase-Schur (1985, 209) auf die verbreitete berufsspezifische Prob-

---

[7] „Ich war Fremdling, und ihr nahmet mich nicht auf; nackt und ihr bekleidetet mich nicht; krank und im Gefängnis; und ihr besuchtet mich nicht."

lematik von Sozialpädagogen hin, vor dem Hintergrund einer Freiheitsstrafe Probleme und Defizite der Klienten „bereits eine sozusagen sachliche Notwendigkeit und Legitimation zu ziehen, sich aufdrängen zu dürfen" (vgl. Frehsee 1991, 37).

Straffälligenhilfe speist sich von ihren Anfängen her aus verschiedenen altruistischen[8] oder religiösen Quellen und ist auch in ihren verschiedenen Formen als Arbeitsfeld[9] in der Sozialarbeit nicht klar voneinander abzugrenzen. Thomas stellt fest, dass „...die freie Straffälligenhilfe... kein systematisch ausdifferenziertes Subsystem des Sozialstaates der Bundesrepublik Deutschlang (ist)". und „...der Mangel an einheitlichen Finanzierungsquellen, das Fehlen einer präzisen Aufgabenstellung und eine schwache rechtliche Verankerung" zu sehr unterschiedlichen Ausprägungen geführt haben, weil sich die konkrete Ausgestaltung „...an lokalen und regionalen Bedingungen sowie an die An- und Einbindung in größere Organisationszusammenhänge" orientiere (Thomas 2005, 88).

Um dem entgegenzuwirken hat sich 1990 die Bundesarbeitsgemeinschaft für Straffälligenhilfe (BAG-S) gegründet, die in der Rechtsform eines gemeinnützigen, eingetragenen Vereins „...die Hilfen für straffällig gewordene Menschen zu verbessern und erweitern sucht" (Wittman u. a. 2004, 30). Der Zusammenschluss um-

---

[8] „Altruismus (von alter, der andere): Gegensatz zum Egoismus (s. d.), zur Selbstsucht, bedeutet Uneigennützigkeit, Denken an und Handeln für anderer Wohl, Selbstaufopferung im Sinne des Christentums" (Eisler, Rudolf: Wörterbuch der philosophischen Begriffe, 1904).

[9] Vgl. Reiners, BewHi 3/2005, 285.

fasste die Arbeit der Wohlfahrtsverbände Arbeiterwohlfahrt, Caritasverband, Diakonisches Werk, Deutsches Rotes Kreuz, Paritätischer Wohlfahrtsverband, Zentrale Wohlfahrtsstelle der Juden und der DBH, und bot durch einheitliches Vorgehen insofern Gewähr für eine starke Gewichtung innerhalb der Kriminalpolitik.

1.1.1 Ethische Ausrichtung

Postuliert wird in der Beratungs- und Betreuungsarbeit – die Klienten freiwillig in Anspruch nehmen können – das Prinzip der Hilfe zur Selbsthilfe, also der Stärkung individueller Fähig- und Fertigkeiten. Der Klient ist im Grundsatz eine entscheidungs- und verantwortungsvolle Persönlichkeit und die Hilfe zielt auf soziale Wiedereingliederung (vgl. Wittmann 2004, 31). Damit unterscheidet sich die Freie Straffälligenhilfe, zumindest was das ethische Prinzip angeht, nicht von dem Postulat der Sozialarbeiter in den Sozialen Diensten.

Sieben Jahre nach deren Gründung resümiert der Vorsitzende der BAG-S Ewers, dass sich die Straffälligenhilfe mit ihren etwa tausend Diensten und Einrichtungen nicht als homogenes Subsystem des Sozialstaates entwickelt hat, sondern regional sehr unterschiedlich und ausdifferenziert. „...Aufgrund dieser Heterogenität werden sich auch die Formen der zukünftigen Adaptions- und Weiterentwicklungsprozesse weder einheitlich noch zeitgleich, in Teilen aber eher ähnlich ...weiterentwickeln (müssen)" [10] (Ewers 2007, 16 ff.).

---

[10] Die Klammer entspricht der Originalfassung.

Bei aller Unterschiedlichkeit vertritt die BAG-S politische Grundpositionen, die vor dem Hintergrund von „...Sozialstaatsgebot und wissenschaftlichen Erkenntnissen über soziale Lage und Kriminalität zu sehen sind", wie die, dass Kriminalität ubiquitär und ein Verhalten ist, das gegen jeweils bestehende strafrechtliche Normen verstößt (vgl. Wittmann u. a. 2004, 32). Abweichendes Verhalten wird zwar – wie bei Maelicke – als Normüberschreitung im Sinn von Strafrechtsnormverletzung verstanden, aber das abweichendes Verhalten als Ausgangspunkt der Tätigkeit wird im konsensualen Kontext der BAG-S differenzierter gesehen.

Das abweichende Verhalten kann in diesem Verständnis in den wenigsten Fällen auf eine einzige Ursache zurückgeführt werden, sondern wird immer von mehreren Faktoren, – Devianz begünstigende wie normtreues Verhalten stützende –, bestimmt. Welche der Faktoren Oberhand gewinnen hängt von den Schwierigkeiten bei der Bewältigung ernsthafter Lebensprobleme und der Art und Erreichbarkeit von Hilfe zu ihrer Lösung ab (vgl. Wittmann u. a. 2004, 33).

1.1.2 Quantitative Bedeutung

Ewers[11] quantifiziert in seinem Beitrag die Straffälligenhilfe mit etwa tausend Diensten und Einrichtungen, wobei in Fußnote 16 des Beitrags ergänzt wird, dass diese Zahl auf einer Schätzung der Adressaten der BAG-S beruht.

---

[11] BAG-S, Informationsdienst Straffälligenhilfe, 15. Jg., Heft 1/2007.

Über die tatsächliche Quantität herrscht also Unklarheit. Da aber in den einzelnen Diensten und Einrichtungen mehr als nur eine Person tätig sein dürfte, ist die geschätzte Zahl eher mit mehreren Tausend anzunehmen. Diese Zahl repräsentiert aber nicht die Gesamtzahl der in der Freien Straffälligenhilfe tätigen Sozialarbeiter, da sich die BAG-S in Verwirklichung ihres Leitziels für die Mitwirkung ehrenamtlicher Mitarbeiter in Einrichtungen der Straffälligenhilfe und im Vollzug einsetzt.

Der Mangel an konkreteren Zahlen ist auch dem Umstand geschuldet, dass das weite Feld der Freien Straffälligenhilfe noch kaum empirisch erfasst ist (vgl. Thomas 2006, 88). Ein gesichertes Wissen über die Freie Straffälligenhilfe als eigenständigen Forschungsgegenstand existiert in der Kriminologie bislang nur fragmentarisch.

Immerhin lassen sich die möglichen Adressaten zahlenmäßig bestimmen: Zum Stichtag 30.11.2006 saßen in den 195 Justizvollzugsanstalten in Deutschland ohne Berücksichtigung vorübergehend abwesender Personen, insbesondere Hafturlauber, 79.960 Personen ein.[12]

---

[12] Statistisches Bundesamt, Statistisches Jahrbuch 2007, Kapitel 10, Justiz 10.16, Belegungsfähigkeit und Belegung der Justizvollzugsanstalten am 30.11.2006, 258.

1.1.3 Hilfeangebote

Die Angebote der Freien Straffälligenhilfe zielen auf Hilfen vor, während und nach der Haft und umfassen präventive ebenso wie Diversionsmaßnahmen etwa durch TOA (Täter-Opfer-Ausgleich) oder Schadenswiedergutmachung. Die Hilfe beinhaltet neben der durchgehenden Betreuung während des gesamten Strafverfahrens sowohl die Arbeit mit dem Straffälligen selbst auch die Soziale Arbeit mit seinen Angehörigen.

1.1.4 Gesetzliche Rahmenbedingungen

Eine bindende gesetzliche Regelung, die aufgrund richterlicher Anordnung Inhalte der Arbeit oder bestimmte Maßnahmen festlegen könnte, existiert für den Bereich der Freien Straffälligenhilfe nicht. Insofern kann sie ihren Tätigkeitsbereich "frei" gestalten, entbehrt damit aber auch der Klarheit einer normativen Richtlinie und der Anbindung an die richterliche Unabhängigkeit. Ihr gesellschaftlicher Auftrag stützt sich auf die Entscheidung des Bundesverfassungsgerichts, die als „Lebach-Urteil"[13] bekannt geworden ist. Im Urteil wird aus Art 2 Abs. 2 GG in Verbindung mit Art 1 GG für den verurteilten Straftäter das Recht auf Resozialisierung ebenso abgeleitet, wie die Verpflichtung („...muss der verurteilte Straftäter die Chance erhalten, sich nach Verbüßung seiner Strafe wieder in die Gemeinschaft einzuordnen") der Gesellschaft zur entsprechenden Vor- und Fürsorge.

---

[13] BVerfG vom 03.05.1973 (1 BvR 536/72).

Thomas (2006, 80) subsumiert unter Straffälligenhilfe „...alle öffentlichen und privaten Hilfeformen..., die der Reintegration von Straftätern dienen." Es wird nicht verkannt, dass auch Angehörige anderer Berufsgruppen in Ausübung ihrer beruflichen Tätigkeit mit Straffälligen zu tun haben, wie etwa die Fallmanager, Mitarbeiter bei den Gerichten oder bei Wohnungsämtern, aber deren Arbeit zielt nicht ausschließlich auf Straffällige ab und sie benötigen zur Ausübung ihres Berufes nicht den Abschluss an einer Fachhochschule für Sozialarbeit.[14]

Diese Absolventen stehen im Folgenden im Fokus. Die bisherige Aufzählung der Praktiker im Arbeitsfeld Straffälligenhilfe soll aber ergänzt werden um die Jugendgerichtshelfer oder präziser: die Sozialarbeiter, die gem. § 38 JGG als Jugendgerichtshelfer tätig werden und die in der Regel als Fachabteilung den kommunalen Jugendämtern zugeordnet sind. Sie sind ebenfalls Absolventen einer Fachhochschule für Sozialarbeit, bzw. müssen es für ihre Berufsausübung sein.

1.2 Jugendgerichtshilfe

Für die Jugendgerichtshilfe besteht seit 1923 eine klare rechtliche Verankerung. Damian (vgl. Damian 1990, 79) berichtet, dass einerseits ein alarmierender Anstieg der Jugendkriminalität im Gebiet des Deutschen Reiches, andererseits aber auch Einflüsse der Jugend- und der Jugendgerichtsbewegung entscheidend für

---

[14] Das eben setzt ein Aufbaustudiengang voraus.

Überlegungen waren, für Jugendliche besondere Gerichtsverfahren zu schaffen. Kern dieser Entwicklung bis hin zum Jugendgerichtsgesetz in seiner aktuellen Fassung war der Erziehungsgedanke, der die Entwicklungsfähigkeit der jugendlichen Delinquenten in den Vordergrund schob, so dass der Jugendrichter bei seiner Entscheidung erzieherische, soziale und fürsorgerische Gesichtspunkte zu berücksichtigen hat. Diese in das Verfahren einzubringen ist gem. § 38 JGG Aufgabe der Jugendgerichtshilfe, die damit zu einem Prozessorgan eigener Art wird und dem einzelnen Sozialarbeiter in dieser Funktion eine fundierte Rechtsposition verschafft.

Aufgabe der Jugendgerichtshilfe ist nicht die Verteidigung des Delinquenten, sondern die fachliche Unterstützung der beteiligten Behörden und des Richters, demgegenüber sie sich zu den Maßnahmen äußern sollen, die zu ergreifen sind (§ 38 2 Satz 2 JGG), die im Übrigen aber auch gem. § 45 II JGG das weitere förmliche Verfahren entbehrlich machen können. Diese Tätigkeit gehört in den Bereich der Jugendhilfe, so dass die Jugendgerichtshilfe auch bei den Jugendämtern angesiedelt ist.

Hier nun gibt es Überlappungen zur Arbeit der Freien Straffälligenhilfe, denn nicht in allen Kommunen ist die Jugendgerichtshilfe eine eigene Fachabteilung oder dem Allgemeinen Sozialdienst (ASD)[15] oder Bezirkssozialdienst (BSD) im Zuge der Bezirkszuständigkeit als weitere Aufgabe zugeordnet. Im Wege der Delegation

---

[15] Siehe Fußnote 27.

können dann Sozialarbeiter der Verbände die Aufgaben der Jugendgerichtshilfe wahrnehmen. Das gilt auch für den Fall, dass die Anzahl der richterlichen Beauftragungen die Kapazität der kommunalen Mitarbeiter übersteigt.

1.2.1 Quantitative Bedeutung

Die Möglichkeit der Delegation an Mitarbeiter von freien Verbänden macht nun eine konkrete quantitative Bestimmung der Anzahl der insgesamt in Deutschland tätigen Jugendgerichtshelfer nicht möglich. Andererseits lässt sich die Bedeutung der Jugendgerichtshilfe aus der Mitwirkung an den Verfahren gegen Jugendliche und Heranwachsende ermessen. Im Jahr 2005 sind 57.687 Jugendliche[16] und 77.229 Heranwachsende[17] rechtskräftig verurteilt worden, so dass die Mitwirkung der Jugendgerichtshilfe insgesamt 134.916 Fälle umfasste.

1.3 Die Sozialen Dienste der Justiz

Maelicke (2005) zielt mit seinen Feststellungen zur Notwendigkeit weiterer Qualifikation im Kern auf die Praktiker in den Sozialen Diensten der Justiz. Dazu gehören die Bereiche Gerichts-, Bewährungshilfe, Füh-

---

[16] Statistisches Bundesamt, Statistisches Jahrbuch 2007, Kapitel 10 Justiz, 10.14 u. 10.15, 272.

[17] Davon sind 28.261 nach allgemeinem Strafrecht verurteilt worden, was an der Verfahrensbeteiligung der Jugendgerichtshilfe aber nichts ändert.

rungsaufsicht und die Sozialarbeit im Vollzug. Indes ist die Sammelbezeichnung Soziale Dienste der Justiz nicht unproblematisch.

Damit ist lediglich die organisatorische Zusammenfassung der Dienste unter dem Dach der Justiz beschrieben, als dass der Begriff der Sozialen Dienste der Justiz geeignet wäre, ein Zusammenwirken der in justitieller Trägerschaft betriebener Fachdienste zu idealisieren. Aus ihrer Historie heraus sind die Bewährungshelfer in den meisten Bundesländern bei den Landgerichten[18] angebunden und die später eingerichtete Gerichtshilfe bei den Staatsanwaltschaften.

Die gesetzlichen Vorschriften in StPO, JGG, StGB und EGStGB gelten zwar bundesweit, aber der Bundesgesetzgeber stellte die nähere Ausgestaltung in die Regelungskompetenz der Bundesländer, die in der Folge davon über Erlasse, Rundverfügungen oder Landesgesetze lebhaften Gebrauch machten. So stellen sich die Dienste im Vergleich der Bundesländer durchaus unterschiedlich dar, und dort, wo die Zusammenfassung aufgrund landes- und nicht fachpolitischer Beschlusslage zustande kam, finden die Dienste nur zögernd zueinander und bestehen eher auf ihrer Eigenständigkeit (vgl. Kurze 1999, 30).

---

[18] Anders in den Stadtstaaten Hamburg und Berlin, vgl. Kurze 1999, 34.

1.3.1 Gerichtshilfe

So stellte etwa Hering (1998, 41) fest, dass „...Ge-
richtshilfe nur mittelbar ein sozialer Dienst für den Täter ist, primär dagegen ein sozialer Dienst für die Justiz." Die nach 1990 in den neuen Bundesländern in den
Sozialen Diensten sozialisierten Mitarbeiter erleben dagegen ihre berufliche Situation eines einheitlichen
Dienstes, in dem Aufgaben als Bewährungs- wie auch
Gerichtshelfer wahrgenommen werden, als Normalla-
ge. Hering und seine Kollegen Gerichtshelfer in Baden-
Württemberg befinden sich seit dem 01.01.2007 – mit
dem Übergang der Bewährungs- und Gerichtshilfe in
freie Trägerschaft – in einer Struktur, die ihnen aus
fachlichen Gründen widerstrebt.

Ihnen war der Gedanke nicht fremd, das generalistisch
ausgelegte Studium an der Fachhochschule für Sozialarbeit um eine für die Arbeit als Gerichtshelfer unab-
dingbare fachspezifische Fortbildung zu ergänzen. In
Zusammenarbeit mit Prof. Kerner ist von 1991 bis
1994 berufsbegleitend eine solche Fortbildung durchgeführt worden (vgl. Hering 1998, 38).

Die Gerichts- wie die Jugendgerichtshilfe auch, wird
zwingend von Diplom-Sozialarbeitern wahrgenommen.
Sie ist aber nicht, wie man annehmen könnte, deren
im StGB verankertes Pendant für erwachsene Straftäter. Die Gerichtshelfer nehmen nicht an Hauptver-
handlungen teil und haben im Unterschied zu andern
Sozialen Diensten der Justiz keine genuine Betreu-
ungsfunktion. Ihr Anstellungsträger ist traditionell die
Staatsanwaltschaft, in deren Auftrag sie auch tätig

werden. Ihre Aufgabe ist – nach konkreter Beauftra-
gung – die Vorbereitung von Entscheidungen im Er-
mittlungs-, Zwischen- und Hauptverfahren bei Erwach-
senen durch objektive Darstellung der sozialen Lage
der Betroffenen.

1.3.2 Gesetzliche Rahmenbedingungen

Im Ermittlungsverfahren kann gem. § 160 Abs. 3 StPO
die Staatsanwaltschaft zur Ermittlung von Umständen,
die für die Bestimmung der Rechtsfolge der Tat von
Bedeutung sind, die Gerichtshilfe beauftragen. Das gilt
zur Vorbereitung von zu treffenden Entscheidungen
gem. § 463 d StPO auch bei der Strafvollstreckung.
Von sich aus kann die Gerichtshilfe nicht tätig werden.

1.3.3 Quantitative Bedeutung

Kurze (vgl. Kurze 1999, 52) zählt für den Untersu-
chungszeitpunkt 1994/95 bundesweit 214 Gerichtshelfer in 85 Dienststellen auf.

1.4 Bewährungshilfe

Die Bewährungshilfe[19] kann, wenn nicht als systematisch ausdifferenziertes Subsystem des Sozialstaates,
dann aber doch als ein ausdifferenziertes System der

---

[19] Im Strafgesetzbuch kommt dieser Begriff nicht vor. Dort ist nur von
dem Bewährungshelfer die Rede.

freien Straffälligenhilfe gesehen werden. Sie begann in Deutschland um 1896 mit der sogenannten Schutzaufsicht für Jugendliche, die als Vereinsschutzaufsicht organisatorisch an die Vereine für Strafentlassenenhilfe angebunden war (vgl. Kerner 1990, III). Nachdem in der Folge keine gesetzliche Fixierung im JGG gelang und der Gedanke einer primären Bewährung in Freiheit nicht nationalsozialistischer Kriminalpolitik entsprach, kam eine Initiative zur Erprobung des Instituts der Bewährungshilfe erst wieder nach 1949 zustande. Auf Anregung des Hauptjugendamtes, und initiiert durch Vertreter der englischen Alliierten, die im eigenen Land schon über gute Erfahrungen mit Bewährungshilfe verfügten, kam es in Berlin ab dem 01.10.1950 zur praktischen Erprobung. Der Oberlehrer und Fürsorger Dr. Wolfgang Klein, der Erfahrungen im Jugendstrafvollzug gesammelt hatte, wurde zum ersten Bewährungshelfer für minderjährige Straftäter ernannt (ebd.).

Im übrigen Bundesgebiet waren es nicht vorrangig Sozialarbeiter (bzw. Fürsorger), die den Gedanken einer gesetzlich verankerten Strafaussetzung zur Bewährung vorantrieben, sondern Juristen. Auf Betreiben des Ministerialrates Alfons Wahl, des Oberlandesgerichtspräsidenten a. D. Dr. Lingemann und des Landgerichtspräsidenten a. D. Dr. Clostermann entwickelte sich aus den „Godesberger Gesprächen" (an denen allerdings auch Sozialarbeiter und Wissenschaftler teilnahmen) eine praktische Versuchsreihe mit zunächst fünf und später weiteren sieben Bewährungshelfern. Die erste Versuchsreihe sollte in der Trägerschaft der seit 1917 bestehenden Vereinigung für Jugendgerichte und Jugendgerichtshilfen erfolgen, die aber kein rechtsfähiger Verein war und insofern nicht als Empfänger öffentlicher Mittel in Frage kam. Der in der Konsequenz von Wahl und anderen 1951 gegründete Verein Bewährungshilfe e. V. erfüllte das Erfordernis für eine finanzielle Bezuschussung durch das Bundesministerium der Justiz, und der Verein Bewährungshilfe e. V. wurde der Anstellungsträger für die ersten Bewährungshelfer.

Nachdem die DBH als Anstellungsträger dem raschen Anwachsen der Anzahl der Bewährungshelfer nicht gewachsen war und eine Anbindung der Bewährungshilfe an einen freien Träger nicht gelang, entwickelte sich eine Anbindung der Bewährungshelfer an die Landgerichte, die derzeit – mit Ausnahme der Stadtstaaten Hamburg und Berlin, und inzwischen auch Baden-Württemberg[20] – der Standard ist. Seit Ende der 70er Jahre sind die Bewährungshelfer in der Regel Beamte des gehobenen Dienstes in den Besoldungsgruppen A 9 bis A 13, die heute der Standardeingruppierung der Sozialarbeiter in den Sozialen Diensten der Justiz entspricht. In der Regel sind die Stellen A 12 und A 13 mit einer Funktionszuweisung versehen, so dass Bewerber sich gezielt auf Führungspositionen bewerben.

Die ursprünglich von den Bewährungshelfern favorisierte Sonderlaufbahn, die ein Eingangsamt von A 11 und höhere Besoldungsstufen nur für besondere, administrative Tätigkeiten vorsah, war politisch nicht durchsetzbar. Mit der Einteilung der an sich gleichen

---

[20] Die Bewährungshilfe in Baden-Württemberg ist seit dem 01.01. 2007 in die privatrechtliche Trägerschaft der Neustart gGmbH überführt worden.

Tätigkeit in fünf Besoldungsstufen wurden die zuvor nach BAT IV b einheitlich eingestuften Bewährungshelfer nun zu Konkurrenten um die raren Beförderungsstellen. Es entwickelte sich eine lang anhaltende Debatte um Beurteilungskriterien und Strukturen, die ihren Abschluss noch nicht gefunden hat. Der inhaltlichen Weiterentwicklung der Sache Bewährungshilfe selbst war dies vermutlich eher hinderlich.

Auch der Umstand, dass sich im Bereich der hauptamtlich geleisteten Bewährungshilfe über Landesgrenzen hinaus kaum noch miteinander vergleichbare Arbeitsstrukturen finden lassen, führt zu keiner corporate identity, fördert keinen Korpsgeist und erleichtert die kollegiale Kommunikation wenig. Es scheint so etwas wie föderalen Fatalismus dergestalt zu geben, dass man sich mit den Widrigkeiten im eigenen Land (oder Ländle) abzufinden hat, und bundesweites solidarisches Handeln weder fordert noch fördert.

1.4.1 Quantitative Bedeutung

Das Statistische Jahrbuch 2007 weist für 2005 im Bundesgebiet 170.273 Personen aus, die unter Bewährungsaufsicht stehen.[21] Diese Angaben enthalten aber keine Zahlen für Hamburg und geben für Schleswig-Holstein nur den Stand für das Jahr 2002 wieder. Aus dem Bericht der Landesregierung über die aktuelle Situation der Bewährungshilfe in Schleswig-Holstein

---

[21] Statistisches Bundesamt, Fachserie 10, R5, 2005, 1.2. Bestehende Unterstellungen unter Bewährungsaufsicht.

vom 18.04.2007[22] geht hervor, dass zum Stichtag 31.12.2006 von den Bewährungshelfern ca. 4.935[23] Probanden betreut werden. Für Hamburg erfolgt innerhalb der Sozialen Dienste der Justiz, die neben der Bewährungshilfe für Erwachsene und die Jugendbewährungshilfe auch weitere Dienste wie die Opfer-, oder Haftentlassenenhilfe umfasst, für den Bereich der Bewährungshilfe keine differenzierte Abgabe zur Fallbelastung. Auf eine kleine Anfrage der SPD-Fraktion (Drs. 18/7113) hat der Senat mitgeteilt, dass von den 31 Bewährungshelfern 3.728 Probanden betreut werden[24]. Der Geschäftsführer der Deutschen Bewährungshilfe e. V., Peter Reckling, teilte am 27.03.2007 mit, dass von etwa 3.000 hauptamtlichen Bewährungshelfern aktuell etwa 200.000 Personen betreut werden. [25]

1.4.2 Fortbildung

Die föderale Vielfalt der strukturellen Ausgestaltung erschwert den kollegialen Austausch über Inhalte ebenso wie über notwendige Fortbildungen. Das Bildungswerk der DBH ist keineswegs die zentrale Bil-

---

[22] Niederschrift über die Sitzung des Innen- und Rechtsausschuss 16. WP-45. Sitzung, 11 ff.

[23] Einschließlich der 206 Probanden, die von schleswig-holsteinischen Bewährungshelfern mit betreut werden, auch wenn sie nicht in Schleswig-Holstein verurteilt worden sind.

[24] Presseerklärung der SPD Bürgerschaftsfraktion Hamburg vom 15.10.2007, http://www.spd-fraktion-hamburg.de/externe-seiten/presseerklaerungen/b/1920/k/3.html, zuletzt abgerufen am 10.11.2007.

[25] Vgl. Peter Reckling, in: JustuS Newsletter 01/07, Ausgabe V, Hannover, 27.03.2007.

dungseinrichtung der bundesrepublikanischen Bewährungshelfer, wie die DBH auch nicht ihr Dachverband
ist. Tatsächlich ist seit der Umstrukturierung im Jahr
1990 den Bewährungshelfern eine Einzelmitgliedschaft
in der DBH nicht mehr möglich und das Bildungswerk
wäre allein auch kaum in der Lage, den Fortbildungsbedarf der inzwischen 3.000 Bewährungshelfer abzu-
decken.

Der Fortbildungsbedarf kann über verschiedene Verbände und Gewerkschaften kanalisiert werden, wobei
der größte Teil der Bewährungshelfer über die Mitgliedschaft in ihrer Landesarbeitsgemeinschaft[26] (LAG)
in der Arbeitsgemeinschaft Deutscher Bewährungshelfer (ADB) organisiert sind. Die wiederum kommuniziert
seit Jahren eher geringen Fortbildungsbedarf, so dass
verbandliche Fortbildungen in der Mehrheit auf Lan-
des- oder Bezirksebene zustande kommen. In Hessen
wird etwa eine Tagung zur Arbeit mit Sexual- und Ge-
waltstraftätern angeboten und in Nordrhein-Westfalen
eine zum Umgang mit Betrügern.

Ein vom Bildungswerk der DBH im Jahr 2004 angebo-
tenes Seminar „Einführung in juristisches Denken"
konnte auch im Folgejahr 2005 erfolgreich belegt und
durchgeführt werden. Ein Seminarangebot zum Thema
*„Kriminologie für Bewährungshelfer/innen oder: Wa-
rum mehr Polizisten zu mehr Kriminalität führen"* fand
im Jahr 2006 unter der Veranstaltungsnummer D-1606

---

[26] Die Landesarbeitsgemeinschaften in Mecklenburg-Vorpommern und
Baden-Württemberg haben sich inzwischen aufgelöst, so dass erstmalig
in der Geschichte der ADB nicht in allen Bundesländern Bewährungshelfern die Mitgliedschaft in einer LAG möglich ist.

nicht den erforderlichen Zuspruch von mindestens sechs Interessenten und fand insofern auch nicht statt.

1.5 Konklusion

Ein Fortbildungs- oder Weiterbildungsangebot muss auch den realen beruflichen Kontext seiner Adressaten berücksichtigen, die sich innerhalb der Sozialen Dienste der Justiz weniger homogen präsentieren. Generell soll ein Aufbaustudiengang aufbauend auf die im Studium Sozialarbeit/Sozialpädagogik erworbenen Grundkenntnisse zu weiteren Kenntnissen, Fähig- und Fertigkeiten führen, die im jeweiligen spezifischen Arbeitsfeld von Relevanz sind. Die Frage, ob es einem Aufbaustudiengang Devianzmanagement gelingen kann, zum sinnstiftenden und verbindenden Element für die in den Sozialen Diensten der Justiz oder generell für im Arbeitsfeld Straffälligenhilfe tätigen Sozialarbeiter zu werden, ist kein Nebenaspekt, sondern Kern der Fragestellungen dieser Arbeit.

Die in dieser Arbeit berücksichtigte Gruppe der Akteure in der Straffälligenhilfe deckt sich nicht in vollem Umfang mit dem Gegenstand der Untersuchung von Kurze (vgl. Kurze 1999, 49), die entsprechend ihrer thematischen Einengung den Sozialdienst im Vollzug aussparte und die Jugendgerichtshilfe nicht berücksichtigte.

Da sie bei Kurze in der Beschreibung ihres Aufgabenfeldes und strukturellen Kontextes Berücksichtigung gefunden haben und insofern der Rückgriff auf empirische Daten möglich ist, stehen die Mitarbeiter der sog. Sozialen Dienste der Justiz, die in einer weiteren Komprimierung der Akteure als Mitarbeiter der Ambulanten Sozialen Dienste[27] der Justiz konkretisiert werden, in dieser Arbeit aber etwas im Vordergrund.

---

[27] Die Justizverwaltung in NRW benutzt seit einiger Zeit dafür die Abkürzung ASD, die bis dato ausschließlich für die Mitarbeiter des Allgemeinen Sozialen Dienstes verwendet wurde, deren Mitarbeiter beim Jugendamt angebunden sind und eine hohe Reputation genießen. Parallel dazu hat die Stadt Düsseldorf den ASD in BSD (für: Bezirkssoziadienst) umbenannt, wobei BSD für Besonderer Sozialdienst steht. Dies als Hinweis darauf, welche Faktoren die Entwicklung eines professionellen Bewusstseins zu stören in der Lage sind.

KAPITEL II

Sozialarbeit und Ausbildung

1.6   Grundverständnis von Hilfe

Lange Zeit herrschte die Annahme, der Mensch werde als egoistisches, um des Überlebens willen allein auf seinen Vorteil bedachtes Individuum geboren und müsse Hilfe, also die Orientierung auf andere, erst im sozialen Miteinander erlernen. Die Untersuchungen von Warneken und Tomasello (Warneken 2006) zeigen nun, dass Hilfe nicht durch Erziehung erlernt werden muss, sondern Kleinkinder von sich aus und ohne selbst davon zu profitieren hilfsbereit sind.[28] Gegenseitige Hilfe ist überlebensnotwendig, denn ohne die Hilfe und Unterstützung seiner sozialen Primärverbände (Familie, Verwandtschaft, Nachbarschaft) kann der Mensch als Baby, Kleinkind, Kind nicht existieren (vgl. Schilling 2005, 19). Erst wenn diese Systeme – etwa durch zunehmende Armut – nicht mehr funktionieren (können), bedarf es einer öffentlichen Fürsorge.

---

[28] Max-Planck-Gesellschaft, Kleine Helfer – Leipziger Anthropologen finden bei neuen Experimenten erste Belege für altruistisches Verhalten bei Kleinkindern und auch bei Schimpansen, Presseinformation B 10/2006 (27) vom 02.03.2006.

1.7 Notwendigkeit der Organisation von Hilfe

1.7.1 Das Elberfelder Modell

Die Geschichte der Sozialarbeit ist nicht die des Erlernens, sondern zunächst die der Organisation von Hilfe. Zunehmender Pauperismus in der ersten Hälfte des 19. Jahrhunderts erschöpfte auch die Mittel der Städte und zwang zur Effizienz der gewährten Hilfe, die im sog. Elberfelder Modell mit dem Ziel der größtmöglichen Sparsamkeit organisiert wurde.[29] Dabei wurde in Elberfeld die ehrenamtliche Hilfe innerhalb der Bezirke, die weiter in 60 Quartiere untergliedert wurden, zum einen obligatorisch und zum anderen personalisiert, da in jedem Bezirk ein Vorsteher und in jedem Quartier ein Pfleger die Hilfe für die Armen zu organisieren hatte. Verwaltungsordnungen sahen eine Fallbegrenzung für jeden Pfleger von maximal vier Fällen pro Hausbesuch vor und die Hilfe sollte möglichst nicht länger als 14 Tage bewilligt werden (vgl. Schilling 2005, 37 ff.).

1.7.2 Das Straßburger Modell

Mit dem starken Anwachsen der Städte erwies sich das Quartiersystem nicht mehr als vorteilhaft und wurde 1905 vom Straßburger Modell durch ein System mit hauptamtlich eingesetzten Berufsarmenpflegern abgelöst. Die Hilfe wurde nun zentral in Armenämtern organisiert und dabei eine klare Arbeitsteilung zwischen

---

[29] Die Zahl der Armen sank um mehr als 50 % von etwa 4.000 auf 1.460 und die Bettelei nahm rapide ab (vgl. Schilling 2005, 39).

ehrenamt- und hauptberuflicher Tätigkeit vorgenom-
men. Auch die Armenpfleger vor Ort wurden allmählich
durch ausgebildete Frauen ersetzt (vgl. ebd., 39).

1.8 Entwicklung organisierter Ausbildung

Parallel entwickelte sich, initiiert durch Alice Salomon,
ein Verständnis von Wohlfahrtspflege, das die Menschen nicht als bloßes Objekt von Hilfe sah, sondern
deren vorhandenen Kräfte nach Möglichkeit fördern
und entwickeln sollte. So sollten geschädigte Kräfte
wiederhergestellt und da, wo keine Heilung mehr möglich ist, die Hilflosen versorgt werden. Das ging weit
über rein altruistische Einstellung hinaus und konnte
nur mit ausgebildeten Kräften verwirklicht werden, die
zur Erstellung einer sozialen Diagnose in der Lage waren, also alle wichtigen Daten über den Einzelnen und
sein Umfeld erheben konnten (vgl. ebd., 45). Damit
war ein wichtiger Schritt zur Differenzierung von spon-
taner, situationsbedingter und professioneller, zielge-
richteter Hilfe getan.

Professionelle Hilfe will und soll nachhaltig etwas be-
wirken und entspringt in einem weiter gefassten Sinn
dem aus der Hilfeverpflichtung des Staates abgeleite-
ten Auftrag, Fürsorge für die Bürger öffentlich zu organisieren (vgl. Klüsche 1994, 200). Mit diesem gesellschaftlichen Auftrag bedurfte es der Organisation
der Hilfe, als auch der rechtlichen Definition von Notlagen, so dass es einerseits in der weiteren Entwicklung zur Verrechtlichung und damit zur Einklagbarkeit
von Hilfeleistungen kam, anderseits zur Institutionali-

sierung und Bürokratisierung und damit zur Regelung des Ablaufs des helfenden Prozesses (vgl. ebd., 189).

Hilfe als gesellschaftspolitischer Auftrag hat auch zur Folge, dass die Beseitigung von Notlagen in einer arbeitsteiligen Gesellschaft zur Sache von Experten wird, deren gesellschaftliche Stellung dann auch die Wächterfunktion hat, auf die Verhältnisse hinzuweisen, die Notlagen oder Ungleichgewichte verursachen. Unter Hinweis auf Scherpner (1974, 119) führt Klüsche weiter aus, dass in dieser Appellfunktion die gesellschaftspolitische Bedeutung der gesamten Berufsgruppe begründet ist, die darauf hinzuweisen hat, dass Not und individuelle Krisen nicht in individueller Unfähig- oder Unwilligkeit begründet, sondern Produkt gesellschaftlicher Bedingungen ist (vgl. Klüsche 1994, 191).

Eine konservative, bewahrende Grundhaltung zu diesen Not verursachenden Bedingungen prägt sich bei professionellen Helfern eher selten aus, denn der Wille, zur Veränderung beizutragen, ist – wie Klüsche aufzeigt – oft der Schlüssel dazu, der einen in einen helfenden Beruf treibt. „...Sozialarbeit zu studieren hieß immanent, politisch aktiv werden zu wollen... Es galt, die Gesellschaft grundsätzlich zu verändern, wenn sich überhaupt etwas ändern sollte" (Winter 1991, 102). Lowy (vgl. Lowy 1983, 33) macht das Dilemma der Sozialarbeit deutlich, die gleichermaßen Instrumentarium für soziale Stabilität und sozialen Wandel ist, wobei diese Dualität sie zu einem kontinuierlichen Konflikt mit sich selbst und anderen bringt.

1.9   Professionalisierung

Allein zielgerichtete, auf anhaltende Wirkung bedachte Hilfeleistung führt noch nicht zur Professionalisierung und berufliches Handeln repräsentiert nicht in jedem Fall professionelles Handeln, auch wenn hier umgangssprachlich die Bedeutungen verschwimmen.[30] Die im Gegensatz zur ehrenamtlichen Tätigkeit nun hauptberuflich ausgeübte Hilfeleistung (s. 2.2.2) ist zunächst nur „...die aus dem übrigen Lebenszusammenhang ausgegrenzte Arbeitstätigkeit gegen Bezahlung" (Schilling 2005, 275) und führt zur Verberuflichung der gesellschaftlichen Dienstleistung, die wiederum „zwar eine Voraussetzung von Professionalisierung, keineswegs aber mit ihr identisch (ist)" (Sachße, 1984, 287). Rohde (vgl. Rohde 1989, 449 ff.) führt als die unterscheidenden Merkmale von Beruf und Profession eine theoretisch fundierte Spezialausbildung, die Verpflichtung der Professionsangehörigen auf einen bestimmten ethischen Berufskodex und die Organisation in einem Berufsverband an, der Prüfungen und Berufszugang maßgeblich (mit)bestimmt und kontrolliert. Tietgens bringt Professionalität auf die pragmatische Kurzformel, „...die Tätigkeit nutzen zu können, breit gelagerte, wissenschaftlich vertiefte und damit vielfältig abstrahierte Kenntnisse in konkreten Situationen angemessen verwenden zu können" (Tietgens 1988, 37).

Lüssi differenziert nach entscheidenden professionellen Persönlichkeitsqualitäten von Sozialarbeitern/-pädagogen und benennt in diesem Zusammenhang unter an-

---

[30] Gleichwohl gibt es eine berufliche Professionalisierung.

derem „...Kommunikations- und Kooperationsfähigkeit auf der Basis von reflektierter Empathie...Fähigkeit zur Selbstinstrumentalisierung...Soziale Intelligenz als Erkenntnisvermögen und als produktiv-schöpferische Potenz" (Lüssi 1991, 190 ff). Auch Sommerfeld und Koditek sehen in der Ausdifferenzierung zusätzlicher Reflexivität einen wesentlichen Anknüpfungspunkt ohne den „keine professionelle Sozialarbeit zu begründen (ist), an was auch immer sie orientiert sein mag" (Sommerfeld und Koditek 1994, 238). Kopperschmidt (vgl. Kopperschmidt 1996, 390) sieht die Möglichkeit, berufliches Handeln an einer gelernten Fachdisziplin als Ressource wissenschaftlichen Wissens ausrichten wie als kritische Anleitung für Reflexion nutzen zu können, als berufssoziologisches Kriterium einer konturierten professionellen Identität.

In einer anderen Sichtweise kann der Mangel an Professionalisierung von Sozialarbeit aber auch als Gewinn und „...wirksame Immunisierung gegen Orthodoxie und Dogmatik, gegen Engstirnigkeit und Theoriegläubigkeit, gegen disziplinär geschützten Starrsinn und Einfallslosigkeit" (Bardmann 1994, 13), gesehen werden. Sozialarbeiter sind „theorielose, d. h. theoretisch unorthodoxe und wissenschaftlich respektlose Schmuddelkinder" (ebd.). Kleve sieht in dieser Eigenschaftslosigkeit eine hervorragende und maßgebliche Eigenschaft der praktischen Sozialarbeit, deren respektlose „Schmuddeligkeit" keinen Makel darstellt, sondern ihr Markenzeichen. Sie ist „...nicht ihr Defizit, sondern ihre Kompetenz, mehr noch: Eigenschaftslos zu sein ist ihr Erfolgsrezept, Schmuddeligkeit ihr Prinzip" (Kleve 2003, 120).

1.10 Interdisziplinarität als Notwendigkeit

Die Geschichte der Ausbildung von Sozialarbeitern ist durchsetzt mit der Notwendigkeit der interdisziplinären Zusammenarbeit. Wenn Alice Salomon schon 1925 zur Gründung der „Deutschen Akademie für soziale und pädagogische Frauenarbeit" forderte, dass „...diese Wissenschaften ...nicht isoliert nebeneinander behandelt werden (sollen), sondern jede einzelne soll, in eine neue Betrachtungsweise gestellt, auf die Totalität des Menschen bezogen werden" (Salomon zit. In Sachße 1986, 265), dann zieht sich dies bis zur heutigen Ausbildung in einem Studiengang an den Fachhochschulen für Sozialarbeit hin.

Riege (1996, 130) weist auf „...die Gefahr bloß eklektizistisch aneinandergereihter Teilstücke" hin, vermerkt aber an gleicher Stelle, dass diese Gefahr „...im sog. klassischen Universitätsstudium allerdings auch keineswegs gebannt (ist)" (ebd.). Der Sozialarbeit wird dieser Mangel in der Ausbildung aber in besonderer Weise vorgehalten: „...in ihrer praktischen wie theoretischen Diffusität wird *ein* wichtiger Grund für die gesellschaftlich und wissenschaftlich inferiore Reputation der Sozialen Arbeit und ihrer theoretischen Grundlagen verortet" (ebd., 129). Es fehlt am selbstverständlichen Konsens über die Inhalte des Lerngegenstands, so dass dies der Bildung einer geschlossenen scientific community entgegensteht (vgl. Klüsche 1996, 38).

1.11 Das Unbehagen an der Ausbildung

Anknüpfungspunkt der Konzeptionierung von Aufbau-studiengängen ist ein, bei Lehrenden, Anstellungsträgern, aber eben auch den Sozialarbeitern selbst, ubiquitäres Unbehagen an Inhalt und Zielrichtung des Grundstudienganges Sozialarbeit. In der Konzeptionierung eines Studienganges für Sozialarbeiter kann es kaum gelingen, der Fülle der Anforderungen und Sichtweisen sozialer Arbeit konsensual in einem Studium zu genügen, das eindeutige und unumstrittene Elemente enthält, die einen Beitrag zur beruflichen Professionalisierung zu leisten imstande sind (vgl. ebd., 37).

Damit ist die Frage nach der Lehr- und Lernbarkeit von Sozialarbeit aufgeworfen, innerhalb derer der Einzelne sich „...in diesem Dschungel von vorübergehenden Endgültigkeiten dank eigener Klarsicht" (Beck 1986, 219) zurechtfinden soll. Die Experten erweisen sich dabei eher als wenig hilfreich, sie „...laden ihre Widersprüche und Streitigkeiten bei dem einzelnen ab und entlasten ihn dann mit der meist auch noch gut gemeinten Aufforderung, dies alles kritisch auf eigene Vorstellungen hin zu beurteilen[31]" (ebd.).

Die Sozialarbeit ist zwar von der Notwendigkeit interdisziplinärer Zusammenarbeit bestimmt, hat aber versäumt, die eigene Disziplin auszuprägen und in der beruflichen Ausbildung des eigenen Nachwuchses zur

---

[31] Beck benennt in seiner Kritik zwar Pädagogik, Medizin, Sozialrecht und Verkehrsplanung, meint dies aber keineswegs abschließend. Die Formulierung „diese und alle anderen Experten" schließt die Sozialarbeit aber mit ein.

Dominanz zu verhelfen. Der Bewährungshelfer Schulze stellt in einem 1988 auf der DBH-Regionalkonferenz gehaltenen Vortag fest, dass die eigenen Gegenkräfte zu schwach sind, weil Sozialarbeit und Sozialpädagogik nicht über eine Universitätsfakultät verfügen (vgl. Schulze 1990, 313).

In seiner eigenen Ausbildung „...gab es Rechtskunde und Jugendrecht, Psychologie und Pädagogik, Nationalökonomie und Soziologie, Medizin und Sozialhygiene, außerdem Staatsrecht, Sozialversicherung, Wohlfahrtskunde. Es wurden auch Unterweisungen in Werken, anderen musischen Fächern und in Sport angeboten. Dozenten waren zwei Juristinnen, eine Psychologin, ein Mediziner, ein Philologe, dazu ein Polizeipräsident a. D., ein Volksschulrektor, ein Werklehrer, ein Heimleiter, der den Sportunterricht erteilte. Alle waren sehr bemüht. Sozialarbeiter oder Sozialpädagoge war nur der Heimleiter, dem das Musische und der Sport anvertraut waren. Wissen Sie, was ich in den zwei Jahren erwarb? Die perfekteste Halbbildung, die sich denken lässt. Trotzdem sprach man auch damals schon vom "Studieren"" (ebd., 316).

Schulze sah die Lösung nicht unbedingt darin, dass jedem die Möglichkeit zur Promotion oder Habilitation an einem Universitätsinstitut für Sozialarbeit oder einer entsprechenden Fakultät geboten wird und jeder „...Sozialarbeiter Dr. Soz. päd. werden muss. Was sollen wir mit all den Theoretikern? Aber, dass es keiner werden kann, selbst wenn er wollte, dass uns[32] so die führenden Köpfe fehlen, das ist beklagenswert" (ebd.).

---

[32] Womit speziell die Gruppe der Bewährungshelfer gemeint war.

Zehn Jahre später merkt die Gerichtshelferin Schulz an, dass die Ausbildung zum hohen Anteil von berufsfremden Professionen getragen und von deren Vorstellungen über Sozialarbeit geprägt wird, was dazu führt, dass sich „…Vorlesungsverzeichnisse nicht selten wie Bulletins über die Hobbys der Anbieter" lesen, die zur Vermittlung berufsspezifischen, handlungsleitenden Wissens oder der Ausprägung einer beruflichen Identität für Sozialarbeiter aber nur bedingt in der Lage seien (vgl. Schulz 1998, 31).

Auch Klüsche konstatiert, dass Hochschullehrer das weite Feld Sozialer Arbeit als Sujet ansehen, in dem die Reflektion gesellschaftlicher Wirklichkeit und die Verortung problemlösender Elemente von der wissenschaftlichen und weltanschaulichen Position abhängig gemacht wird, oder man den Freiraum an der Hochschule für eigene wissenschaftliche Interessen nutzt (vgl. Klüsche 1996, 38).

1.12 Konklusion

Insgesamt bewegt sich die anhaltende Professionalisierungsdebatte in der Sozialen Arbeit zwischen den Polen "missraten", weil eher alltagsorientiert und wissenschaftsfrei, und "längst gelungen", oder sogar schon überprofessionalisiert (vgl. Kurze 1999, 19, Fußnote 3). Zu einem beruflichen Urvertrauen trägt diese unklare Kontur der eigenen Profession nicht bei, da bereits das Studium eher als chaotisch und ungeplant erlebt wird (vgl. Baumann 1990, 17). In der Außenwahrnehmung wird letztlich dann die Notwendigkeit des Studiums der Sozialarbeit in Frage gestellt, da mit gesundem Menschenverstand, – „...der so gesund ist, dass er für Krankheiten nichts übrig hat"[33] und Einfühlungsvermögen doch jeder diese Arbeit verrichten könne. Von solcher Einschätzung sind gelegentlich auch Justizminister nicht frei.[34]

Es hängt nicht unwesentlich von den Hochschulen ab, dem bei der Einrichtung von Studiengängen dadurch abzuhelfen, das Element der beruflichen Profilierung von Sozialarbeit als Zielgröße stärkere Beachtung finden zu lassen (vgl. Kurze 1999, 20 ff.).

---

[33] Müller-Dietz in BewHi 1/1998, 9.

[34] Justizminister Goll (BaWü) in der Stuttgarter Zeitung vom 03.07.2006: „Für den zur Bewährung Verurteilten kommt es darauf an, dass er einen Partner hat, der charakterfest ist, der mit beiden Beinen im Leben steht, der sich unter Umständen viel intensiver um ihn kümmert, als es ein Hauptamtlicher je könnte. Manche hören einfach nicht gerne, dass auch ein normaler Mensch etwas kann, ohne studiert zu haben."

KAPITEL III

Bedarfsfeststellungen

1.13   Die Bedarfsanalyse der Autorengruppe

Auch die Autorengruppe (Cornel u. a. 1998) weist in der Einleitung zu ihrer Konzeption eines weiterbildenden Studienganges Weiterbildungsstudiums „Recht und Kriminologie in der Straffälligenhilfe" darauf hin, dass Sozialarbeiter in der Straffälligenhilfe wegen Mängeln in der Ausbildung oft unzureichend auf ihre Tätigkeit vorbereitet sind. Dem stehe ein hoher Bedarf an spezifischen Kompetenzen entgegen. Das grundständige Studium reicht nicht aus, sondern muss, um angesichts sich verändernder Gesetzeslage und sich erneuernder kriminologischer Erkenntnisse Kompetenz bewahren zu können, durch qualifizierte Weiterbildungsmaßnahmen ergänzt bzw. aktualisiert werden (vgl. Cornel 1998 , 24).

Für ihre Überlegungen zu einem Weiterbildungsstudiengang „Recht und Kriminologie in der Strafrechtspflege" als Präsenzstudium führt die Autorengruppe Wünsche aus der Praxis an, die an sie herangetragen worden seien und sich auf rechtliche, kriminologische und methodische Fragestellungen bezogen, wobei die Wünsche sich auch auf auch mehr Leitungsqualifikationen bezogen haben. Es wird aber auch auf die Lage der Absolventen von Fachhochschulen für Sozialarbeit in ihrer Rolle als Berufsanfänger rekurriert, die ins-

besondere Defizite in Rechts- und Verwaltungskenntnissen angeführt haben (vgl. ebd., 21).

1.13.1 Die Adressaten

Ohne konkrete Benennung der erforderlichen Bildungs-
abschlüsse adressiert Höflich den Aufbaustudiengang
an Personen, die bereits ehren- oder hauptamtlich im
Arbeitsfeld Straffälligenhilfe oder der Kriminalprävention tätig sind, und schon ein Studium abgeschlossen
haben (vgl. Höflich 1998, 22). Offensichtlich war zunächst auch eine Fokussierung auf eine wie immer geartete Führungsebene beabsichtigt, wobei der Schwer-
punkt dann aber wegen anderer Angebote in diesem
Bereich anders gesetzt wurde, nämlich generell auf die
in den Arbeitsfeldern Straffälligenhilfe oder Kriminalprävention tätigen Personen.

1.13.2 Zielvorstellung

Ziel der konzeptionellen Überlegungen der Autorengruppe sollte die Einrichtung eines Weiterbildungsstudiums *„Recht und Kriminologie in der Straffälligenhilfe"*
sein. Der Studiengang sollte berufsbegleitend stattfinden, nicht länger als zwei Jahre dauern und mit einem
Diplom abschließen. Träger sollten Fachhochschulen in
Zusammenarbeit mit dem Bildungswerk der DBH sein
(vgl. Cornel u. a. 1998, 24). Neben reiner Wissens-
vermittlung sieht die Autorengruppe das Ziel des von
ihr propagierten Aufbaustudienganges in der Befähigung der Absolventen zum soziologischen Denken, das

sich dadurch auszeichnet, „...aus dem angebotenen Wissen z. B. Zusammenhänge zwischen der eigenen individuell/beruflichen Existenz und den die Lebenslagen von Klienten konstituierenden rechtlichen und sozialen Tatbestände herstellen zu können" (ebd., 27).

1.13.3 Operationalisierung

Die Autorengruppe konzipiert das Studium als berufsbegleitendes Präsenzstudium und führt vier Themenblöcke an, die als Module im engeren Sinn verstanden werden können. Es geht dabei um :

- Kriminologie, Kriminalprävention, Kriminalpolitik
- Rechtliche Grundlegung
- System der Straffälligenhilfe
- Handlungskompetenzen in der Straffälligenhilfe

Im Einzelbeitrag von Höflich (vgl. Höflich 1998, 22) werden diese Module ergänzt um die Bereiche:

- Spezifische Methoden der Sozialarbeit in der Straffälligenhilfe und Kriminalprävention
- Sozialmanagement einschließlich Personalführung und -entwicklung sowie betriebswirtschaftliche Grundkenntnisse.

Das Studium soll eine Einführungsphase von einem Wochenende, eine Grundlagenphase von etwa 12 Wochen, eine Reflektionsphase von vier Wochenenden zu je 14 Stunden, eine Vertiefungsphase von zehn Wochenenden zu je 14 Stunden und eine Evaluationsphase von sechs Stunden enthalten, so dass sich – einschließlich der für Prüfungen aufzuwendenden Zeit (16 Stunden) – ein Gesamtvolumen von 406 Zeitstunden ergibt (vgl. Cornel u. a. 1998, 29).

Die parallele Ausübung der beruflichen Tätigkeit sollte durch die Einteilung in zwei Wochenblöcke (montags bis freitags), monatliche Wochenblöcke von Freitagnachmittag bis Samstagabend und monatliche ganztägige Tagungen von regionalen Arbeitsgruppen gewährleistet sein. Neben diesen Präsenzzeiten sollten 240 Zeitstunden (drei Stunden pro Woche für 20 Monate) im Heimstudium veranschlagt werden. Die Konzeption sah den Studienbeginn für etwa 25 Teilnehmer für das Wintersemester 1998/1999 vor.

1.13.4 Die Autoren

Die Autorengruppe setzt sich in der Mehrheit aus lehrenden Professoren an Fachhochschulen für Sozialarbeit zusammen, die einen Fächerkanon abdecken, der im weitesten Sinn als Recht in der Sozialen Arbeit, oder Recht für Sozialarbeiter bezeichnet werden kann. Die Qualifikation leitet sich mehrheitlich aus dem abgeschlossenen Studium der Jurisprudenz in Kombination mit anderen Studiengängen wie Pädagogik oder Kriminologie ab.

1.13.5 Rechtskenntnisse als Anknüpfung

Höflich (vgl. Höflich 1998, 21) stellt fest, dass es sich nicht um Individualprobleme handelt (sofern ein Wissensdefizit bei den Betreffenden überhaupt als Problem erlebt wird), sondern Berufsanfänger in der Sozialarbeit mit Regelmäßigkeit Rechtskenntnisse als Defizit benennen. Das wirkt andererseits reflexiv auf die Gruppe der Professoren zurück, deren Profession es ist, angehende Praktiker in der Sozialarbeit mit soliden Rechtskenntnissen auszustatten. Außerdem zeigt es auf, dass offenkundig kein System existiert, in dem entsprechende Rückmeldungen von Berufsanfängern systematisch aufgefangen und für curriculare Entwicklung von Aus- oder Fortbildung genutzt werden. Das ist ein grundsätzliches, strukturelles Problem.

Das von Höflich (ebd.) angeführte Ergebnis der Untersuchungen der Bundesarbeitsgemeinschaft der Hochschullehrer an Fachhochschulen-Fachbereichen des Sozialwesens über den Rückgang der Rechts- und Verwaltungsanteile im Studium von mehr als 33 % im Jahr 1960 auf 8 % im Jahr 1998 wird hier nicht angezweifelt. Ob indes die „Studienrichtung Straffälligenhilfe" als Leidtragende dieser Entwicklung gesehen werden muss und defizitäre Rechts- und Verwaltungskenntnisse monokausal besonders negativ auf die Selbstsicherheit, Arbeitszufriedenheit, Fachlichkeit und Professionalität der Akteure durchschlagen, bedarf der nähren Betrachtung (ebd., 22).

Auch Klüsche, der nicht der Autorengruppe angehört, gleichwohl aber lehrender Professor an einer Fachhochschule für Sozialarbeit war, konstatiert, dass die Praxis sich Mitarbeiter wünscht, die „...rechtliche Vorgaben so internalisiert haben, dass die Träger die nachwachsende Generation nicht erst für die Realitäten ihrer Arbeitswelt sozialisieren müssen" (Klüsche 1996, 38).

Seine Feststellung zur Praxis lassen sich Anforderungen und Wünschen der Anstellungsträger zuordnen. Wenn in beiden Fällen hinter den Wünschen eine höhere Sicherheit der Sozialarbeiter im Umgang mit Rechtskenntnissen in der Realität ihres Berufsalltags steht, muss die Verwirklichung der Wünsche nicht zwingend mit den Anforderungen der Praxis kongruent sein.

Die Untersuchung von Kurze (vgl. Kurze 1999, 72) bietet keinen weiteren Aufschluss über den Bedarf im Bereich von Rechts- und Verwaltungskenntnissen. Die Befragung bezog sich zwar auf nach dem Studium absolvierte Fort- und Weiterbildungsmaßnahmen, engte die Antwortmöglichkeit aber dadurch ein, das die Items des Fragebogens nur solche Maßnahmen enthielten, für die ein Zertifikat erteilt wurde. Bei den Bewährungshelfern und in den Sozialen Diensten wurden Methoden der Gesprächsführung[35] und sozialpädagogische Methoden mit mehr als der Hälfte der Nennungen favorisiert.[36]
Die Untersuchung von Kurze ist 1999 veröffentlicht worden. Insofern konnte sich die Bemerkung der „Psy-

---

[35] Wie etwa die klientenzentrierte Gesprächsführung nach C. Rogers.
[36] Kurze 1999, Tabelle 4.6., 73.

chologisierung und Pädagogisierung des Studiums"
von Höflich in BewHi 1/1998[37] nicht auf diese Ergebnisse beziehen. Die Befragung erfolgte um die Jahreswende 1994/1995[38], so dass Höflich die Sachlage
durchaus bekannt sein konnte, zumal seine weiterge-
hende Kritik an der Gewichtung zwischen den sozialwissenschaftlichen Fächern und Recht/Verwaltung auf
der anderen Seite nicht auf eine punktuelle Situation
rekurriert, sondern eher den Eindruck eines längeren
Entwicklungsprozesses wiedergibt.

In den Jahren von 1988 bis 1990 sind über das Bildungswerk der DBH etwa 150 Veranstaltungen mit
insgesamt 4.000 Teilnehmern durchgeführt worden[39]
(Kerner 1992, 320), und Kerner stellt in der Zusam-
menschau fest, dass die Fortbildungen zu praxisbezo-
genen Fragen dominieren (ebd., 324).

1.13.6 Kriminologische Kenntnisse als Anknüpfung

Die wissenschaftliche Beschäftigung mit Kriminologie
ist immer auch verbunden mit der Problematik der
Eingrenzung des Gegenstandsbereiches (vgl. Wolf 1998;
Strasser 2005) und ebenso mit der Problematik feh-
lender oder vielschichtiger Definitionen, wie etwa zum

---

[37] Höflich 1998, 21.
[38] Kurze 1999, 51.
[39] Kurze stellt zu der Angabe von 1.200 in der ADB organisierten Bewährungshelfern fest, dass das dann jeder zweite Bewährungshelfer sei, so
dass er von gesamt etwa 2.400 Bewährungshelfern bundesweit ausgeht.
Das gibt den Stand der Untersuchung wieder, die um die Jahreswende
1994/1995 durchgeführt wurde (vgl. Kurze 1999, 45 und 51).

Begriff des abweichenden Verhaltens (vgl. Lamnek 2001, 11). Insofern sich Kriminologie auf Makro- und Mikroebene mit der Erklärung menschlichen Handelns, mit Motivation und Steuerung beschäftigt, sind dazu auch von den anderen Wissenschaften die letzten Antworten noch nicht gegeben und die letzten Fragen noch nicht gestellt. Das bleibt insgesamt ein interdisziplinäres Unterfangen, aber die Kriminologie darf sich nicht (nur) in fremde Betten legen und von fremden Tischen essen (vgl. Sack 1978, 202)[40], sondern muss dartun, worin ihr Beitrag am Gesamtwerk besteht (vgl. Hassemer 2005, 36).

Damit stellt sich die Frage nach der Relevanz des Wissenstransfers einer Profession, der Kriminologie nämlich, die ohne Zweifel eine solche ist, an eine andere Profession, der Sozialarbeit, die ebenso von fremden Tischen essen muss, aber keine wissenschaftliche Profession ist, deren Mitglieder gleichwohl aber innerhalb der Kriminalpolitik eine tragende Rolle spielen.[41] Während Frehsee als lehrender Kriminologe anmerkt, dass „...diejenigen, die am bereitwilligsten zugeben, dass sie wenig über Kriminalität wissen,...allemal noch die Kriminologen (sind)" (Frehsee 1997, 27), scheint für Aktionen und Akteure im Bereich der Straffälligenhilfe eine ebenso selbstverständliche und handlungsleitende Vorstellung zu existieren, was für Straffällige zu tun

---

[40] Sack unter Zitierung von Shloham Shlomo 1963, 231 (nach Kunz 16) „...must dine, in order to survive, at other people´s tables".

[41] „Lassen Sie mich zum Schluss noch einmal betonen, dass die Bewährungshilfe heute eine unverzichtbare Säule moderner und humaner Kriminalpolitik ist." Schöch in: 50 Jahre Strafaussetzung zur Bewährung, DBH 2003, 89.

und wie mit ihnen umzugehen ist. Erst mit dem Verlassen einer Verständnisebene, auf der Strafrecht als Schuldausgleich gesehen wird, erwächst der Bedarf an kriminologischem Wissen[42]. Wer von der Richtigkeit und kriminalpolitischen Erforderlichkeit seines Handelns überzeugt ist, wird wohl auch keinen Bedarf anmelden.

Kipp (vgl. Kipp 1994, 18) mahnt bei seinen Bewährungshelferkollegen an, sich aus der Fraglosigkeit des Selbstverständlichen zu lösen und sich selbst als Konstrukteur gesellschaftlicher Realität beobachten und bewerten zu lassen. Die Autorengruppe sieht es als Aufgabe einer Sozialen Arbeit, „...die spezifischen Lebens- und Problemlagen (der Klienten, Anm. PR) vor dem Hintergrund rechtlichen und kriminologischen Wissens begreifen und in eine berufliche Praxis zu transformieren", um ihnen (den Klienten, Anm.– P.R.) „...mehr Teilhabe und eine selbstbestimmte Lebenspraxis (zu) öffnen" (Cornel u. a. 1998, 26). Welches gesicherte kriminologische Wissen zu diesem Zweck Sozialarbeitern vermittelt werden könnte und welche der kriminologischen Theorien zwischen dem ätiologischen Ansatz, dem Labeling-Ansatz und der symbolisch-interaktionstheoretischen Ebene im „Dschungel von vorübergehenden Endgültigkeiten"[43] dazu in besonderer Weise geeignet ist, bliebt unklar.

---

[42] Vgl. Heinz 2007I,1.; Wolf 1998, 9).
[43] Damit wäre die Aufzählung in der Fußnote 31 noch um die Kriminologie erweitert.

„...Es gibt kriminologisches Wissen, das für die Praxis relevant ist", stellt Heinz (2007) fest und meint mit Praxis doch nur die des Rechtsanwenders. Damit folgt er der begrifflichen Festlegung von Kaiser (vgl. Kaiser 1993, 281), dass praktische Kriminalpolitik vorwiegend von Juristen ausgeübt wird.

Während es der Sozialarbeit bislang (noch) nicht gelungen ist, aus dem Schatten ihrer Bezugswissenschaften zu treten und den Ruch praktischer wie theoretischer Diffusität (s. Punkt 2.6) abzulegen, hat dies bei gleicher Ausgangslage[44] der gesellschaftlichen wie wissenschaftlichen Reputation der Kriminologie nicht geschadet, obwohl es bis zum Jahr 2005 in Deutschland keine Möglichkeit gab, Kriminologie grundständig zu studieren (vgl. Feltes 2007). Jung sah 1992 – sechs Jahre vor der Veröffentlichung der Autorengruppe Cornel u. a. – im Katalog der Ausbildungsinhalte im Rahmen von Wahlfachgruppen im juristischen Studium[45] ein „Gemischtwarenangebot", forderte aber wenig später die Kultivierung dieser Interdisziplinarität (vgl. Jung 1992, 26 ff.).

Zum Zeitpunkt der Veröffentlichung von Cornel u. a. zur Konzeption eines Weiterbildungsstudiums „Recht und Kriminologie in der Straffälligenhilfe" besaß die Kriminologie keinen Status als eigene universitäre Disziplin mit akademischem Abschluss, verfügte[46] über

---

[44] Vgl. Wolf 1998, 7.

[45] Insbesondere für Nordrhein-Westfalen.

[46] Die Vergangenheitsform dient in methodischer Absicht der Kontrastierung der Anmerkungen der Autorengruppe und ist kein Beleg dafür, dass dieses Problem inzwischen der Vergangenheit angehört.

kein eigenes Berufsbild und kein relevantes eigenständiges Lehrangebot (vgl. Jehle 1992, 5 ff.). Gleichwohl hielt Kühne (vgl. Kühne 1992, 273) in ihrem Beitrag zur „Fort- und Weiterbildung der Mitarbeiter der Sozialen Dienste der Justiz" kriminologische Kenntnisse für die Bewältigung praktischer Arbeit im Justizvollzug und der Bewährungshilfe für unabdingbar. Wobei Spittler im selben Band feststellt, „...daß Kriminologie als eigenständiges und für die Studierenden klar erkennbares Wissen derzeit an den Fachhochschulen nicht vermittelt wird" (Spittler 1992, 168).

1.13.7 Konklusion

Es gilt für eine Praxis auszubilden, die ihrer Heterogenität auch in dem „eingegrenzten" Arbeitsfeld Straffälligenhilfe nicht vollständig erfasst werden kann. Der Mangel eindeutiger Konturen hält auch dann an und tritt gerade dann auf, wenn der zu lehrende kriminologische und rechtliche Wissensbestand auf die für das Arbeitsfeld relevanten Informationen reduziert wird (vgl. Cornel u. a., 1998 27).

Diese Relevanz könnte sich aus Hinweisen der Akteure in diesem Berufsfeld ableiten, indem sie die Defizite der eigenen Ausbildung konkret benennen, dann die Curricula der Hochschulen angepasst und ihnen durch lehrende Professoren Lernmöglichkeiten angeboten werden, die Abhilfe schaffen. Das könnte etwa auch in und durch Lehrbücher geschehen, oder – wie in anderen Rechtsbereichen auch – durch einen arbeitsfeldspezifischen Kommentar zu wiederkehrenden und durch die Häufigkeit des Auftretens bedeutsame Rechtsfragen im Arbeitsfeld Straffälligenhilfe. Ein solcher Kommentar existiert derzeit nicht.

Auch Lehrbücher zur Einführung in das Strafrecht für Studierende und Praktiker haben erst in den letzten zehn Jahren eine Konjunktur erfahren; derzeit bieten fünf Autoren entsprechend Werke an[47]. Damit reagieren die Autoren offenkundig auf Nachfragen von Praktikern, so dass im Bereich der Straffälligenhilfe ein Bedarf an juristischen Kenntnissen zu bestehen scheint, der sich aber nicht konkret äußert.

Die Feststellungen der Autorengruppe lassen defizitäre Rechtskenntnisse als quasi objektive Problemlage der ersten Ordnung erscheinen, so dass Hilfsbedürftigkeit gegeben und Abhilfe geboten ist (vgl. Greca 1993, 26 ff.). Damit überführen die lehrenden Mitglieder der Autorengruppe mit der ihnen eigenen Deutungsmacht ihre Wissensbestände und Konzepte direkt in die Sozialarbeit und empfehlen sie zum Nießbrauch (vgl. Wendt 2006, 5). Die Forderungen der Autoren nach besseren Rechtskenntnissen erscheinen als eindimensionaler Wunsch der Angehörigen juristischer Berufe, von besser rechtskundigen Straffälligenhelfern in den eigenen Entscheidungen auch besser verstanden zu werden. Auch der Hinweis, dass fundierte Rechtskenntnisse und der entsprechende korrekte Ausdruck in Wort und Schrift notwendig seien, um die juristisch geprägten Adressaten zu überzeugen (vgl. Cornel u. a.

---

[47] Siehe Auflistung von Cornel in sozial net, http://www.socialnet.de/ rezensionen/2860.php, zuletzt abgerufen am 10.11.2007.

1998, 25) deutet eher auf die Forderung nach einer Anpassungsleistung hin, als auf einen Versuch, auf diese Weise einen Beitrag zur Professionalisierung von Sozialarbeitern zu leisten.

So bleibt auch eher unklar, ob die Mangellage, die bei der Vermittlung rechtlicher Kenntnisse in der Ausbildung von Sozialarbeitern an den Fachhochschulen zu existieren scheint, von den dort Studierenden identisch erlebt und problematisiert wird. Andererseits könnten in umgekehrter Sichtweise Studierende der Sozialarbeit ihrerseits bei Juristen Mängel in der Auffassungskompetenz geltend machen, die eine Vermittlung sozialarbeiterischer Arbeitsinhalte erschweren, und die Änderungen in der Ausbildung von Juristen notwendig erscheinen lassen.

Ohne die Einbeziehung der Binnensicht der studierenden Sozialarbeiter reduziert sich der Beitrag der Autorengruppe auf einen von vielen in einem Studiengang, der zur Notwendigkeit hat „vielfältige und heterogene Sichten anderer Disziplinen einzubeziehen. Er leuchtet die Szene der Sozialen Arbeit allenfalls aus, ohne sie auch zu gestalten" (vgl. Wendt 2006, 7).

1.14   Die Bedarfsanalyse des Beccaria-Centers

1.14.1 Die Autoren

Die Bezeichnung Beccaria-Center (Marks u. a. 2006) steht für ein Projekt des Landespräventionsrates Niedersachsen, das sich mit Aus- und Weiterbildung in der Kriminalprävention beschäftigt und die Entwicklung eines weiterbildenden, berufsbegleitenden Masterstudienganges Kriminalprävention (Crime Prevention) für Kriminalpräventionsfachkräfte zum Ziel hat. Die Autoren sind in der Prävention erfahrene Mitarbeiter des Niedersächsischen Justizministeriums bzw. des Landespräventionsrates Niedersachsen.

1.14.2 Zum Begriff der Prävention

Von der Wortbedeutung her (lt. prävenire = zuvorkommen, verhüten) erschöpfte sich Prävention im kriminalpolitischen Bereich in der bloßen Verhinderung des Eintritts von Kriminalität, wie immer diese auch definiert wird. Der Definition bedarf es insofern, als es gilt, ein unerwünschtes Verhalten abzuwehren, das als solches zunächst markiert worden sein muss. Und es bedarf eines Wissens oder doch einer Vorstellung darüber, wie das Ereignis abzuwehren ist, resp. wie es mit möglichst hohem Erfolg an seiner Entstehung gehindert werden kann.

Präventives Handeln ist in diesem Sinn normsetzendes und normunterstützendes Handeln. In einem umfassenderen Verständnis bedeutet Prävention aber auch die Verhinderung des Eintritts weiterer unerwünschter Ereignisse nachdem bereits eines eingetreten ist.

Im kriminalpolitischen Kontext dieser Arbeit wird die Tätigkeit der Adressaten eines Masterstudienganges Devianzmanagement im Kern als präventive Arbeit verstanden, die Vermeidung und Reduzierung der Ursachen kriminellen Verhaltens zum Ziel hat und sich in eine primäre, sekundäre und tertiäre Prävention aufteilt (vgl. Schwindt 2006, 16), auch wenn diese Bereiche oft ineinander übergehen.

Bock hält die Begriffe strukturelle und personale Prävention für treffender, weil etwa sekundäre Prävention sowohl die Verschlechterung von Gelegenheitsstrukturen als auch „...präventive Maßnahmen für gefährdete Personen im Vorfeld der Straffälligkeit ..."(Bock 2007, Anm. 272) beinhalten kann.

Die Autoren sehen Kriminalprävention im kommunalen, nationalen und internationalen Bereich als gesamtgesellschaftliche Aufgabe, die ein übergreifendes Gesamtkonzept und einen ganzheitlichen Ansatz erfordert (Marks u. a. 2006, 52). Hier liegt der Managementanteil eines so verstandenen Masterstudiengangs Devianzmanagement, der des Zusammenwirkens, der Zusammenarbeit und der Vernetzung vieler Kräfte bedarf.

1.14.3 Operationalisierung

Auch hier wird das Studium als berufsbegleitendes Präsenzstudium konzipiert, wobei eine Strukturierung in den folgenden acht Modulen Kriminalprävention

- Kriminologie
- Strafrecht und Nebengesetze
- Grundlagen der empirischen Sozialforschung und Evaluation

- Grundlagen von Führung und Management
- Projektmanagement
- Führung und Management
- Public Relations
- Finanzen

stattfindet, die als Pflicht-, Wahlpflicht- oder frei wähl-
bare Module miteinander kombiniert werden können.
Dabei ist auch durch Nutzung von Synergieeffekten
aufgrund der Zusammenarbeit mehrerer (auch inter-
nationaler) Hochschulen neben einer Vermittlung in
Präsenzform ebenso an Vermittlung der Lehrinhalte
durch Fernlehrbriefe gedacht (ebd., 146).

1.14.4 Die Adressaten

Die Autoren sehen einen zunehmenden wissenschaftlichen und arbeitsfeldbezogenen Qualifikationsbedarf
für Führungskräfte in der Kriminalprävention. Zielgruppen sind insofern „aktuelle und potentielle Führungskräfte der Kriminalprävention aus Deutschland
und in Europa" (ebd., 5). Obligatorisch ist der Abschluss eines Hochschulstudiums oder Fachhochschul-
studiums, „der in den Bereichen Kriminalprävention
qualifiziert" (ebd., 57), wobei u. a. Sozialarbeit, Sozialwesen und Sozialpädagogik genannt werden. Für die
Sozialen Dienste wird sowohl für das Trainingspro-
gramm als auch den berufsbegleitenden Masterstudiengang im Bereich der Sozialen Dienste der Justiz
die Bewährungshilfe genannt. Hinsichtlich der Be-
rufsaussichten soll das Absolvieren des Trainingsprogramms zu einer Qualifikation für „niederen Dienst",

der Abschluss des Masterstudiengangs zu einer solchen für den höheren Dienst führen (ebd., 58).

Während „höherer Dienst" tatsächlich eine Laufbahn im Beamtentum ist, trifft das für die Bezeichnung des „niederen Dienstes" nicht zu. Allenfalls existiert ein mittlerer Dienst in den Besoldungsstufen A 5 bis A 9, für dessen Eintritt der Haupt- oder Realschulabschluss Voraussetzung ist. Die in der Regel verbeamteten hauptamtlichen Bewährungshelfer, gehören dem gehobenen Dienst in den Besoldungsstufen von A 9 bis A 13 an, für den der Abschluss an einer Fachhochschule obligatorisch ist.

Die Besoldungsstufe A 13 mit der Bezeichnung Sozialoberamtsrat ist in der Regel mit einer Leitungsfunktion verbunden, etwa als Koordinator einer Dienststelle. Damit sind die Besoldungsstufen ausgeschöpft. Die Stufe A 13 ist im gehobenen Sozialdienst (der Bewährungs- und Gerichtshelfer wie auch der Sozialarbeiter im Vollzug) die Endstufe. Im höheren Dienst, der einen Hochschulabschluss zwingend voraussetzt, ist diese Stufe das Eingangsamt. Ob sich das aktuelle Gefüge durch Absolventen von Masterstudiengängen verändert, wäre noch abzuwarten.

1.14.5 Kompetenz als Anknüpfung

Die Konzeption zielt ab auf einen hohen Gesamtbedarf an Wissen und Kompetenz, über den eine Fachkraft in der Kriminalprävention verfügen und als Haltung ausprägen sollte. So geht es um pädagogische Kompetenz, die „nur in der Erfahrung des alltäglichen Lebens umfassen erlernt werden kann" (Marks u. a. 2006, 52), aber eben auch theoretische/praktische Kompetenzen, die erlernt und curricular vermittelt werden können.

Im Bereich des Strafrechts gehören etwa „…die Grundlagen der Normsetzung und deren Durchsetzung" (ebd., 54) zu den zu erwerbenden Kompetenzen, und im Bereich Führung und Management wäre dies eine Optimierung des Prozessablaufs und die Fähigkeit zur Koordination, Delegation und Motivation. In der Entwicklung und Umsetzung präventiver Projekte ist ein weitgreifendes Verständnis über die Ursachen normabweichenden Verhaltens erforderlich (ebd., 53).

1.15 Konklusion

Auch mit der Anknüpfung an einen Kompetenzbedarf, wenngleich der nicht hinreichend belegt ist, bleibt es doch bei einer eklektizistischen Zusammenstellung des Lehrguts, wobei sich deren Zugewinn für die praktische Tätigkeit in der Straffälligenhilfe nicht unmittelbar erschließt. Absicht dieser Autorengruppe Marks u. a. ist eine Top-down Qualifizierung, die in dieser von-oben-nach-unten-Orientierung nahezu unser gesamtes Bildungssystem durchzieht: Wissen entsteht nicht im Diskurs, sondern der Weitergabe von Erkenntnis eines Wissenden, dessen Wissen zum großen Teil von der Erkenntnis anderer gespeist wird. Als Mitglied seiner scientific community ist ihm deren Paradigma die „Quelle aller Methoden, Problemgebiete und Lösungsnormen" (Kuhn 1976, 116). Die Aufgabe des Lehrenden ist es, die Studierenden durch das Studium der Paradigmen für die Mitgliedschaft in der wissenschaftlichen Gemeinschaft vorzubereiten, in der sie später arbeiten wollen (ebd., 26).

Da es im Arbeitsfeld Straffälligenhilfe kein relativ homogenes Arbeitsfeld gibt, aus dem ein relativ homogenes Kompetenzprofil deduziert und in einem relativ homogenen Set von disziplinären Anforderungen operationalisiert werden könnte, wäre auch keine curriculare Deduktionslogik (vgl. Kopperschmidt 1996, 394) zu entwickeln, sondern Wege zur Interdisziplinarität zu suchen.

1.16 Zur Bestandsaufnahme des Beccaria-Centers

In der Bestandsaufnahme des Beccaria-Centers findet sich eine Auflistung von acht nationalen und 26 internationalen Studienangeboten in Deutschland (Marks u. a. 2006, 16 ff.), die nach der Auffassung der Autoren Ähnlichkeit mit dem Masterstudiengang Kriminalprävention (Crime Prevention) aufweisen, wie er vom Beccaria Center präferiert wird. Dies mit der Ausnahme des Studienganges „Sicherheitsmanagement", da sich die Angaben auf einen Bachelorstudiengang beziehen (vgl. ebd., 16).

Hier zunächst nur der Hinweis auf die Inhalte der Module des Trainingsprogramms des Beccaria-Centers, die den Stand von November 2006 repräsentieren: Neben Kriminalprävention werden in den Modulen mit den Inhalten Kriminologie, Strafrecht und Nebengesetze und Grundlagen der empirischen Sozialforschung und Evaluation Wissensbereiche aufgegriffen, die sich auch in Modulhandbüchern zum Bachelorstudiengang an einer Fachhochschule für Sozialwesen finden ließen. Die weiter genannten Modulinhalte Grundlagen von Führung und Management, Public Relations und Finanzen gehen in ihrer Intention dann aber über die Inhalte des Grundstudiums hinaus, so dass sie für die Konzeption eines Aufbaustudienganges von Relevanz sein könnten und insofern bei der folgenden Bestandsanalyse berücksichtigt werden. Gegenstand der weiteren Betrachtung sind also sieben Aufbau-Studiengänge.

Da der Fokus dieser Arbeit auf im Inland angebotenen nationalen Weiterbildungsstudiengängen liegt, erfahren die in der Zusammenstellung aufgelisteten 26 international angebotenen Masterstudiengänge hier keine weitere Würdigung.

Die Auflistung der im Inland angebotenen Masterstudiengänge enthalten im Bericht der Berufsgruppen unter anderem auch die Soziale Dienste, die Jugendgerichts-, Gerichts- und Straffälligenhilfe. Es wird darauf verwiesen, dass in allen Fällen Studierende mit abgeschlossenem Hochschulstudium die Zielgruppen sind, wobei in einem Fall (Masterstudiengang Devianzmanagement an der Universität Lüneburg) als Zulassungsvoraussetzung lediglich ein Hochschulabschluss ohne weitere Differenzierung gefordert wird.

Zu diesem Zeitpunkt war an der Universität Lüneburg gemäß Beschluss des Präsidiums vom 26.04.2006[48] – allerdings unter Hinweis auf die noch nicht erfolgte Beteiligung der Gremien und noch nicht erfolgter Akkreditierung – für das Wintersemester 2006/2007 ein Masterstudiengang Devianzmanagement geplant. In der Zusammenstellung der Informationen des Beccaria-Centers zu diesem Studiengang finden sich als Zielgruppen unter andern auch hauptamtliche Fach- und Führungskräfte in den Handlungsfeldern Kinder,- Jugend- und Sozialhilfe, Jugendgerichtshilfe, Soziale Dienste der Justiz (Marks u. a. 2006, 22). Damit konkretisiert sich das Erfordernis des Hochschulabschlusses, denn in den genannten Handlungsfeldern sind die Abteilungs-, Dienststellenleiter oder Koordinatoren in der Regel Sozialarbeiter mit Fachhochschulabschluss.

Indes ist es noch nicht zu einer Umsetzung gekommen und auch im Vorlesungsverzeichnis für das Wintersemester 2007/2008 findet sich dieser Studiengang nicht. Auf die Anfrage nach dem Sachstand teilte Prof. Maelicke dem Verfasser mit[49], dass es einen Planungsentwurf, aber noch keinen endgültigen Beschluss der Universität gebe.

Von den verbleibenden im Zwischenbericht genannten sechs Aufbaustudiengängen, die im Inland angeboten werden, entsprechen nur zwei in ihrer Intention, Zielgruppe und Zulassungsvoraussetzung den Anforde-

---

[48] Aktuelle Informationen der Universität zugleich Amtliche Mitteilungsblatt, Nr.7/2006 vom 12.05.2006, 4.
[49] E-Mail vom 08.08.2007.

rungen für den Gegenstandsbereich dieser Arbeit, indem sie sich (auch) an Absolventen einer Fachhochschule für Sozialarbeiter richten.

1.16.1 Masterstudiengang Kriminologie und Polizeiwissenschaft

Der an der Universität Bochum angebotene Masterstudiengang Kriminologie und Polizeiwissenschaft benennt in der Zielgruppe unter Berufsfeldern mit Bewährungs- und Gerichtshilfe zwei Bereiche der Sozialen Dienste der Justiz und richtet sich damit auch an Absolventen einer Fachhochschule für Sozialarbeit. Darüber hinaus wird eine einjährige qualifizierte Berufserfahrung zur Voraussetzung gemacht (vgl. Marks u. a. 2006, 22).

Das intendiert einen Praxisbezug, der sich indes aber nicht ausschließlich auf einen Bereich erstreckt, der im weitesten Sinn als Straffälligenhilfe bezeichnet werden könnte. Der Bereich der Polizeiwissenschaften nimmt in dem mit 60 Credit Points veranschlagtem Studiengang in drei Modulen und 15 Credit Points einen Anteil von 25 % ein. Deren Modulbeschreibung ist in einem Maße auf Inhalte aus dem Bereich der Polizeiwissenschaft bezogen, dass sie sich als zu berücksichtigende Elemente für die Konzeption eines Aufbaustudianges für Sozialarbeiter im Arbeitsfeld Straffälligenhilfe nicht aufdrängen.

1.16.2 Master of Laws in Criminology and Criminal Justice

Der Aufbaustudiengang „Master of Laws in Criminology and Criminal Justice" wird seit dem Wintersemester 2006/2007 an der Ernst-Moritz-Arndt-Universität Greifswald angeboten und richtet sich „...an Absolventen der Fachrichtungen Jura, Psychologie oder von anderen sozialwissenschaftlichen Studiengängen mit einem abgeschlossenen mindestens vierjährigen Studium mit anschließender Praxiserfahrung". Als Zielgruppen werden benannt „...Personen, die eine Spezialisierung in Praxisfeldern der Strafrechtspflege anstreben, beispielsweise in der Jugendkriminalrechtspflege (u. a. bei freien und öffentlichen Trägern der Jugendhilfe), im Strafvollzug, in der polizeilichen und staatsanwaltschaftlichen Strafverfolgung, der Jugend- und Erwachsenenstrafgerichtsbarkeit."[50]

So ist Absolventen der Fachhochschulen für Sozialarbeit der Zugang nicht verwehrt, aber die Intention dieses Studienganges zielt in erster Linie mehr auf kriminologisch orientierte Forschungstätigkeit in Behörden oder internationalen Einrichtungen und damit weniger auf die Optimierung der Praxis der Akteure in der Straffälligenhilfe.

1.17 Fazit

Ein Aufbaustudiengang mit Inhalten, die unter dem Arbeitsbegriff Devianzmanagement subsumiert werden

---

[50] Http://www.rsf.uni-greifswald.de/duenkel/lehre/master-programm.html, zuletzt abgerufen am 10.11.2007.

könnten, und der sich als nicht konsekutiver Masterstudiengang ausschließlich an im Arbeitsfeld Straffälligenhilfe tätige Sozialarbeiter mit Fachhochschulabschluss richtet, existiert aktuell (Stand November
2007) in Deutschland nicht.

KAPITEL IV

Der Ausblick

1.18 Modellstudiengang Mönchengladbach

In dem Bemühen, dem Studium (seinerzeit noch getrennt nach Sozialarbeit und Sozialpädagogik) insgesamt zu klareren Konturen zu verhelfen, entstand im Fachbereich Sozialwesen der Fachhochschule Niederrhein, von durchaus heftigen internen Diskursen begleitet (vgl. Klüsche 1996a, 11), die Konzeption eines Modellstudiengangs, der im Wintersemester 1988/89 realisiert wurde. Dann erst konnten die Lehrenden sich mehrheitlich – auch um den Preis der Veränderung des eigenen Verhaltens – darauf verständigen, das Studium im Interesse der Studierenden zu optimieren.

Der Hintergrund der langen Dauer bis zur Implementierung war ein Paradigmenwechsel, der von den lehrenden Professoren Interdisziplinarität nicht nur erbat, sondern einforderte und der nur allmählich eintreten konnte. Die Integration der „…Fülle der Aspekte und Wissenselemente sozialer Komplexität" in eine „…Gesamtschau von sozialen Problemlagen" blieb nicht länger „den Studierenden überlassen, sondern die Hochschullehrer beteiligten sich selbst aktiv an diesen die Grenzen ihrer Fachdisziplin überschreitenden Erfassungsmodi sozialer Fragen" (ebd., 44).

Während es zuvor an einem Paradigma mangelte und im Studium alle Lehrinhalte gleichermaßen relevant erschienen (vgl. Kuhn 1976, 30), bildete sich nun in der scientific community der Lehrenden ein Paradigma heraus, ohne dass schon ein vollständiges System von Regeln vorhanden war (ebd., 58). Die jeweiligen personalen und wissenschaftlichen Interessen der Hochschullehrer orientierten sich nun in stärkerem Maß an dem übergeordneten gemeinsamen Ziel der Verbesserung des Studiums, was in der Folge auch zu einer Verbesserung der Kommunikation der Hochschullehrer untereinander führte. Diese Bildung einer Gemeinschaft, in der das Paradigma nicht einen Gegenstandsbereich, sondern eine Gruppe von Fachleuten regierte (ebd., 191), war das eigentlich Neue.

Von entscheidender Bedeutung waren weniger inhaltlich-curriculare Veränderungen, sondern die Intention dieses Ausbildungskonzepts (auch) darauf abzuzielen, „…zumindest das Bewusstsein einer tragfähigen beruflichen Identität von Sozialarbeitern/Sozialpädagogen grundzulegen" (Klüsche 1996a, 40). Das entsprang einem Verständnis von Sozialer Arbeit, die nur dann erfolgreich sein kann, wenn sie aus einem begründeten professionellen Rollenverständnis heraus geleistet wird. „…Ein Studium der Sozialarbeit…sollte daher Bausteine zur Entwicklung einer Theorie der Sozialen Arbeit…anbieten (Klüsche 1995, 68). Um dieses Ziel zu operationalisieren, konnten sich die Veränderungen nicht nur auf inhaltliche Aspekte beziehen, sondern umfassten darüber hinaus noch organisatorische, strukturelle und personelle Komponenten.

1.18.1 Studieninhalte

In den ersten beiden Semestern wurden in den Fach-
gebieten Soziologie, Recht, Psychologie, Erziehungs-
wissenschaft, Politologie und Verwaltung/Organisation
Kenntnisse vermittelt und fachübergreifend studien-
methodisches Arbeiten, Empirische Sozialforschung,
EDV in der Sozialen Arbeit, BSHG[51], AFL[52]angeboten.
Im dritten Semester wurden die wissenschaftlichen
Fachgebiete um Medienpädagogik, Kriminologie und
Sozialmedizin erweitert und durch die Theorie der Sozialen Arbeit als fachgebietsübergreifendem Angebot
ergänzt. Damit entsprechen die Grundlagenfächer im
Wesentlichen dem Fächerkanon anderer Fachhoch-
schulen für Sozialarbeit.

1.18.2 Anforderungen an die Lehrenden

Die Stellen für hauptamtlich Lehrende wurden ausschließlich mit Professoren besetzt und durch Sonder-
mittel der Einsatz von Sozialarbeitern mit praktischer
Erfahrung als Lehrbeauftragte sichergestellt. Das ließ
zum einen eine schnelle Reaktion auf aktuelle Entwicklungen und deren Hereintragen in das Studium zu,
verhinderte zum anderen die Delegation von Praxis-
fragen durch Professoren an einen hauptamtlichen
Fachlehrer und förderte deren eigene Auseinandersetzung mit Aktualitäten.

---

[51] Hier in umfassenderem Sinn als „rechtliche Fundierung aller gesellschaftlichen Hilfe" verstanden.
[52] Außerfachlicher Lehrbereich wie etwa Fremdsprachen.

Die Auffassung von Theorie und Praxis als Antagonisten – hier die an der Hochschule verortete Theorie und da die Praxis in den Institutionen – lässt der Berufswirklichkeit kaum die Chance, zum gestalterischen Element von Theoriebildung werden. Es war also notwendig, praktische Bezüge zumindest in das Studium einzubinden, um sie dort der konzeptionellen Einordnung und der personalen Reflektion zugänglich zu machen. Dazu sollten ein Hochschuldozent und ein Lehrbeauftragter mit praktischer Erfahrung in dem Arbeitsfeld gemeinsam ein zweisemestriges Seminar anbieten.

In den Schwerpunktveranstaltungen, die weniger konkretes Handeln einüben, als vielmehr „...mittels zunächst divergierender analytischer Stränge sowohl differenzierende als auch auf einer Metaebene kohärente Erkenntnisstrategien ausbilden (sollten)" (Klüsche 1995, 44 ff.), war dann das Zusammenwirken dreier Professoren der verschiedensten Disziplinen obligatorisch. Damit realisiert sich die bereits in den Stellenausschreibungen des Fachbereichs formulierte Erwartung nach einer über Lehr- und Prüfungsleistungen innerhalb der engeren Fachbindung hinausgehenden Bereitschaft zur interdisziplinären Zusammenarbeit (vgl. ebd., 56).

In Abkehr der gewohnten singulären Planung der Lehrveranstaltungen waren als wesentlicher Teil der Kapazität Studienelemente außerhalb der primären Fachdisziplin anzubieten.
Die Verpflichtung bestand in der Übernahme mindestens eines Elementes im Bereich fachgebietsübergreifende Lehrveranstaltungen, in der Mitgestaltung eines Schwerpunkts oder eines Projektes in jedem Semes-

ter, und im Erstellen eines Angebots für mindestens einen Vertiefungsbereich (ebd.). Diese Abkehr vom eklektizistischen Lehrangebot hin zum konzeptionell aufeinander abgestimmten Curriculum machte in jedem Semester aufs Neue die Absprache mit den anderen Dozenten notwendig. Darüber hinaus unterzogen sich alle Professoren – wiederum unabhängig von ihren eigentlichen Fachdisziplinen – der Verpflichtung, sich durch Besuche vor Ort an der Betreuung der im Praxissemester befindlichen Studierenden zu beteiligen.[53]

1.18.3 Strukturelle Veränderungen

Unter Aufgabe der bis dato üblichen Orientierungsphase zu Beginn des Studiums begann das Studium nach ausführlichem Tutorium mit verpflichtenden Lehrveranstaltungen und Prüfungsleistungen. Innerhalb eingeteilter Abschnitte mussten als Voraussetzung für den Besuch weiterer Kurse bestimmte Lehrveranstaltungen erfolgreich besucht werden. Insgesamt lag so die Gesamtzahl der Prüfungsleistungen und Teilnahmebescheinigungen mit 30 weit höher als die Anzahl von 14, die die Eckdatenverordnung des Ministeriums für Wissenschaft und Forschung als maximal zulässige Höchstgrenze vorsah. Klüsche sah diese Verordnung als kontraproduktiv zur Professionalisierung des gesamten Berufsstandes an (vgl. Klüsche 1995, 50 ff.).

---

[53] Auf diese Weise festigte sich der Kontakt der Hochschule zu den örtlichen Trägern der Sozialarbeit, was deren Absolventen beim Berufseinstieg gegenüber Absolventen anderer Hochschulen durchaus Startvorteile verschafft haben dürfte.

Eine weitere Veränderung betraf die Teilnehmeranzahl solcher Seminare, die auf die aktive Mitarbeit der Studierenden setzten. Da begrenzte Teilnehmerzahlen garantiert wurden, wurden die Studierenden nach schriftlicher Voranmeldung in einem Auswahlverfahren auf die Veranstaltungen verteilt, was nicht immer zum Besuch der favorisierten Veranstaltung führte.

Um diese Situation weitgehend zu vermeiden, wurde ein Entzerrungsplan erstellt, der den Studierenden den überschneidungsfreien Besuch der im jeweiligen Studienabschnitt zu absolvierenden Pflichtveranstaltungen gewährleisten sollte. Das konnte nur gelingen, wenn in der Zeit von 9.00 bis 19.00 Uhr jeder Wochentag für Lehrveranstaltungen genutzt wurde, was für die Lehrenden die Verpflichtung beinhaltete, Veranstaltungen in diesem gesamten Zeitfenster anzubieten, und für die Studierenden, diese Angebote auch wahrzunehmen.

Gleichwohl hat die Hochschule Niederrhein im Fachbereich Sozialwesen seit Beginn des Modellstudiengangs keine Schwierigkeiten, die Stellen für hauptamtlich Lehrende besetzt zu halten oder neu zu besetzen, wie sich auch die Studierenden in deutlich höherem Maß dieser Hochschule zuwenden. Lag der Anteil der Erstwünsche für Mönchengladbach als Studienort vor Beginn des Modellstudienganges bei weit unter 100 %, erreichten sie danach bei Sozialarbeit fast 200 % und bei Sozialpädagogik über 250 % (vgl. ebd., 55), so dass Wartelisten eingerichtet werden mussten.

1.19 Der Bologna-Prozess

Im Jahr 1999 – zehn Jahre nach Einführung des Modellstudienganges – begann in der Europäischen Union
der Prozess der Angleichung und Vergleichbarkeit der
Hochschulabschlüsse, um einen gemeinsamen europäischen Hochschulraum zu schaffen. Dieses Ziel soll
nach der am 19.09.1999 von 29 Nationen (auch der
Bundesrepublik) unterzeichneten Bologna-Deklaration
im Jahr 2010 erreicht sein. Kernpunkte sind

- mit dem Bachelor- und Masterstudiengang die
  Einführung eines zweistufigen Systems von Stu-
  dienabschlüssen,
- mit der Entwicklung des Leistungspunktesystems
  ECTS (European Credit Transfer System) ein einheitliches, rein quantitatives Maß für die Gesamt-
  belastung der Studierenden durch Studien- und
  Prüfungsleistungen,
- mit der Modularisierung der Studieninhalte eine
  Konturierung zum holistischen Studiensystem,
- und mit der Verpflichtung zur Akkreditierung die
  Einführung einer Qualitätskontrolle.

Die Akkreditierung ist die befristete Anerkennung eines Studienganges in Hinblick auf die Einhaltung fachlicher Mindeststandards, die von Akkreditierungsagen-
turen durchgeführt werden, die ihrerseits einer befristete Akkreditierung vom Akkreditierungsrat bedürfen,
um die Berechtigung zu erlangen, das Qualitätssiegel
der Stiftung zu verleihen.

1.19.1 Modularisierung

Unter modularen Studiengängen werden Systeme von einander abgrenzbaren, separat lehrbaren und separat erwerbbaren Teilqualifikationen verstanden (vgl. Buttner 2003, 10). Nach den Rahmenvorgaben für die Einführung von Leistungspunktsystemen und die Modularisierung von Studiengängen ist ein Modul „ein klar abgegrenztes und beschriebenes Studienangebot, das durch eine Prüfungsleistung abgeschlossen wird; Module setzen sich aus mehreren Lernelementen zusammen, die in einer angemessenen Zeit von den Studierenden zu bewältigen sind" (Rahmenvorgaben 2000, 3). Die differenzierte Modulbeschreibung soll Angaben zur Teilnahmevoraussetzung, zur Lehrform, zu Kriterien des Leistungsnachweises und vor allem zu den Inhalten und Zielen enthalten. Am Ende der Lehreinheit soll die überprüfbare Qualifikation der Studierenden stehen, so dass statt der herkömmlichen Input-Ausrichtung der Lehrenden die Outcome-Orientierung auf die Lernenden mit der Frage im Vordergrund steht, welche Kompetenzen als Ergebnis dieser Lehr- und Lerneinheit vermittelt werden sollen. Das ist ein Paradigmenwechsel vom instruction paradigm zum learning paradigm (Buttner 2003, 13), der auf konsequenter Ausrichtung an einem Kompetenzprofil beruht (vgl. Groman 2003, 75).

Eklektizismus schließt das nicht grundsätzlich aus. Die Entwicklung eines abgestuften Systems von Leistungsanerkennung als Voraussetzung für die Teilnahme nachfolgender Module hatte aber notwendigerweise die intensive Abstimmung der Lehrenden zu ihren Angeboten zur Voraussetzung, was ein rein additives Nebeneinander von Studieninhalten zu Gunsten des Blickes auf die Gesamtqualifikation weitgehend verhindert. Strukturelle Verbesserungen allein lösen das Grundproblem aber nicht. Gromann (ebd.) weist darauf hin, dass „... eine Debatte darüber, was denn „insgesamt" in einem Sozialwesenstudium an Wissen, Überblick, Handlungskompetenz und Schlüsselqualifikationen erworben werden soll, in Deutschland eigentlich nicht geführt worden (ist)".

1.20 Formale Anforderungen an einen Masterstudiengang

Aufbauend auf dem eher praxisorientierten Bachelorstudiengang, für den in der Regelstudienzeit von mindestens drei und maximal vier Jahren 180-240 ECTS-Punkte nachzuweisen sind, führt der Masterstudiengang, dessen Regelstudienzeit gem. § 19 III HRG mindestens ein und höchstens zwei Jahre beträgt, zu einem weiteren berufsqualifizierenden Abschluss.[54] Je nach Dauer sind im Masterstudiengang 60 bzw. 120 ECTS-Punkte zu erwerben.

Der Masterstudiengang kann sich unmittelbar konsekutiv an das Bachelor-Studium anschließen und dient dann der Vertiefung des dort bereits erworbenen Wissens. Als nicht-konsekutiver Studiengang, der nicht zwingend auf die Inhalte eines bestimmten Bachelorstudienganges aufbaut, eröffnet er, da die Abschlüsse von Fachhochschulen und Universitäten formal gleich-

---

[54] An Universitäten erworbene Masterabschlüsse eröffnen grundsätzlich den Zugang zum höheren Dienst. Bei den an Fachhochschulen erworbenen Masterabschlüssen ist das nur der Fall, wenn dies im Akkreditierungsverfahren festgestellt wird.

gestellt sind, den Absolventen von Fachhochschulen im Grundsatz auch den Zugang zu anderen Masterstudiengängen an Universitäten oder Fachhochschulen. In der Praxis wird man vermutlich noch einige Hürden zu überwinden haben, die durch einen bestimmten Notenabschluss des Bachelor-Studiums oder durch spezifische Vorkenntnisse gesetzt werden.

1.21 Promotion nach Masterabschluss

Für die Soziale Arbeit bietet die Zweistufigkeit der Ausbildung neben der generellen Aufwertung der Abschlüsse die Chance, den akademischen Nachwuchs für die eigene Ausbildung heranzubilden, da die Masterabschlüsse im Grundsatz zur Promotion berechtigen. Wobei der Zugang auch hier noch nicht völlig hürdenfrei sein dürfte und die von den Fachhochschulen und Universitäten erlassenen Promotionsordnungen eine wesentliche Filterwirkung entfalten werden. Wohlmöglich wird die Soziale Arbeit so zu den führenden Köpfen kommen, deren Mangel Schulze noch 1988 beklagte (s. 2.6).

Die Deutsche Gesellschaft für Soziale Arbeit e. V. betreut Doktoranden von Fachhochschulen, die über Themen der Sozialen Arbeit promovieren und zählt derzeit[55] 16 abgeschlossene Dissertationen[56] auf, wobei (noch) keine dem Bereich der Straffälligenhilfe zuzuordnen ist. Gleichwohl zeichnet sich am Ende dieser Ent-

---

[55] Stand 22.10.2007.
[56] Http://www.deutsche-gesellschaft-fuer-sozialarbeit.de/diss0. shtml#Liste, zuletzt abgerufen am 10.11.2007.

wicklung eine Selbstverständlichkeit ab, die noch als kühne Vision erscheint: Sozialarbeiter werden in Hochschulen in Mehrheit von Sozialarbeitern ausgebildet.

Das wäre nicht das Ende der Interdisziplinarität, sondern mit der Etablierung der eigenen Disziplin im eigentlichen Sinn deren Beginn, da Interdisziplinarität den Austausch von eigenen Konzepten und Vorgehensweisen mit denen anderer Disziplinen meint.
Wendt sieht wissenschaftliche Disziplinen als „vorhandene Ordnungen des Wissens, der jeweils bestimmte Paradigmen oder Denkmuster zugrunde liegen" (Wendt 2006, 1), merkt aber andererseits an, dass sie in ihren Instituten und Lehrstühlen zur fortwährenden Selbstbestätigung und -genügsamkeit neigen (vgl. ebd.).
Inwieweit die Wissenschaftsdisziplin Sozialarbeit vor solchen Tendenzen gefeit ist wird man angesichts ihrer Ontogenese abwarten können.

1.22 Forschung und Sozialarbeit

Zu konstatieren ist im Bereich der Sozialen Arbeit die noch mangelnde Fähigkeit der Akteure, das eigene Arbeitsfeld zu explorieren und Ergebnisse adäquat zu kommunizieren.
Wenn „...unter Wissenschaft im weitesten Sinne das gezielte und systematische Bemühen um Erkenntnisgewinn verstanden werden kann, bei der sich die forschende Aufmerksamkeit sowohl auf das Forschungsobjekt selbst als auch auf die Bedingungen der Erkenntnisgewinnung richtet" (Engelke 1996, 171), müssen „...Forschungssetting und die Forschungserkennt-

nisse einer auf Autonomie bedachten Sozialen Arbeit der eigenen Theoriebildung...dienen"(ebd.). Der größere Teil des in der Sozialen Arbeit erworbenen Wissens wird im Kontext von Anwendung erzeugt und entspricht so einer Transdisziplinarität, deren Wissensproduktion sich gerade in nicht-hierarchischen, heterogenen Formen findet (vgl. Wendt 2006, 2).

Die mangelnde Professionalität der Sozialarbeiter mit ihrer Immunisierung gegen Orthodoxie und gegen disziplinär geschützten Starrsinn und Einfallslosigkeit (vgl. Kopperschmitt 1996, 389) mag sich für eine Transdisziplinarität, innerhalb derer die Definitionen fachlicher und disziplinärer Art eine Erweiterung erfahren, wenn deren Definitionen zur Beschreibung einer Problemlage nicht ausreichen (vgl. Mittelstraß 2001, 118), eher hilfreich und innovativ auswirken. Zunächst aber haben die „theoretisch unorthodoxen und wissenschaftlich res pektlosen Schmuddelkinder" (s. 2.4) in einem weiterbildenden, forschungsorientierten Masterstudiengang das Regularium quantitativer und qualitativer Sozialforschung zu erlernen.

Der Gedanke, schon innerhalb des Studiums durch die Verknüpfung mit sozialarbeiterischer Praxis die Fähigkeit zu wissenschaftlicher Analyse und problemlösendem beruflichem Handeln auszubilden, ist keineswegs neu. An der Universität Duisburg-Essen bietet das Institut für Stadtteilbezogene Arbeit und Beratung (IS-SAB)[57] schon seit 1979 die Möglichkeit der Theorie-Praxis-Verschränkung im Rahmen des Studiengangs

---

[57] Http://www.uni-essen.de/issab/, zuletzt abgerufen am 10.11.2007.

Soziale Arbeit. Die Kontaktstelle für praxisorientierte Forschung an der Evangelischen Fachhochschule Freiburg konnte im Dezember 2004 auf ihr 20-jähriges Bestehen zurückblicken.[58]

Die Kontaktstelle, – als gemeinnütziger Verein Forschungsinstitut der Evangelischen Fachhochschule Freiburg –, ist das größte Forschungsinstitut an Fachhochschulen im Bereich Sozialer Arbeit in Deutschland. In ihren Untergliederungen, wie etwa das SoFFI (Sozialwissenschaftliches Frauenforschungsinstitut) als eigener gemeinnütziger und unabhängiger Verein, wird in der Funktion eines „An-Instituts" praxisbezogene Forschung an der Ev. Fachhochschule ermöglicht. Die Forschungsprojekte[59] bei SoFFI werden über Drittmittel finanziert, wobei die Geldgeber überwiegend Bundes- und Landeseinrichtungen (u. a. Bundesministerien, Bundeszentrale für gesundheitliche Aufklärung, Landesstiftung Baden-Württemberg) sind.
So verfügt die Kontaktstelle in den Bereichen der Jugendhilfe, der Genderforschung, der Gerontologie, des Bürgerschaftlichen Engagements und der Sozialen Stadt(teil)entwicklung über Erkenntnisse, die durch eigene Forschung gewonnen wurden. Im Bereich der Straffälligenhilfe ist es bislang noch nicht zu einem Forschungsvorhaben gekommen.

---

[58] Http://www.efh-freiburg.de/kontaktstelle/dokumente/festakt20J.pdf, zuletzt abgerufen am 10.11.2007.

[59] Http://www.efh-freiburg.de/Dokumente/blickpunkt/SoFFI%20 Aktuelles%20FL2.pdf, zuletzt abgerufen am 10.11.2007.

Aufgabe eines weiterbildenden Masterstudiengangs Devianzmanagement wäre es, diese Lücke zu schließen
und die Absolventen zur selbstständigen Erschließung
ihrer beruflichen Praxis mit wissenschaftlichen Methoden und Verfahren zu befähigen. Dazu muss im Studium das Erforschte nach wissenschaftlichen Kriterien
systematisiert werden, damit so in der rekonstruktiven
Erforschung des Sozialen, über das Erheben und In-
terpretieren von Daten der Transfer in die eigene Praxis möglich wird. Unter derselben Prämisse der praxis-
nahen Vermittlung von theoretischem und empirischem
Grundlagenwissen zur Durchführung von empirischen
Forschungen und zum Verständnis von Forschungsergebnissen steht das Modul 7 des Masterstudienganges
Kriminologie und Polizeiwissenschaft[60], so dass sich –
nicht nur des Synergieeffektes, sondern der Paradigmenbildung wegen – hier eine gemeinsame Ausbildung
in Absprache mit der Ruhruniversität anbietet.

1.23 Der virtuelle Masterstudiengang Devianzmanagement

1.23.1 Grundsätzliches

Masterstudiengänge verstehen sich nicht als Repara-
turmöglichkeiten konzeptionell nicht geglückter Bache-
lor-Studiengänge, sondern als deren qualifizierende
Ergänzung. Die wird umso mehr gelingen, je mehr
Grundqualität an Wissen die Absolventen mit Bache-
lor-Abschluss einbringen können. Insofern enthebt die

---

[60] Vgl. Beschreibung zu Modul 7.

Einrichtung eines Masterstudienganges die Hochschule nicht von ihrer Verpflichtung der bestmöglichen Ausbildung aller ihrer Absolventen. Im Bereich der Vorbereitung auf den Umgang mit Delinquenz bestehen – und insofern ist der Grundannahme beider Autorengruppen zu folgen – innerhalb der Fachhochschulen für Sozialarbeit noch Möglichkeiten der Optimierung. Innerhalb des Bachelor-Studienganges hat sich Cornel (vgl. 2005) an der Alice-Salomon-Hochschule in Berlin dieser Aufgabe angenommen und für den Wahlpflichtbereich konzipiert. Es wäre zu wünschen, dass dies keine Insellösung bleibt.

Diese Arbeit folgt der Überzeugung, dass zum einen in der Sozialen Arbeit ein theorieloses Handeln nicht existiert, und zum anderen wissenschaftliches Wissen keinesfalls anderen Wissensformen überlegen und daher monopolistisch geeignet ist, praktisches Handeln anzuleiten (vgl. Kaiser 1997, 472). Auch Kerner betrachtet „...die Idee, durch Wissenschaftstransfer stets und vor allem unmittelbar etwas in dem betreffenden Sachgebiet ...oder Praxisfeld „umsetzen" und dauerhaft beeinflussen zu können", mit Skepsis (Kerner 2005, 550). Über welche Art von Wissen die in der Straffälligenhilfe erfahrenen Sozialarbeiter verfügen und wie es gebildet und weitergegeben wird ist, noch wenig bekannt, obwohl genauere Kenntnis für die Sozialarbeit als sich profilierende Profession ebenso interessant sein dürften wie für Kriminologie und Kriminalpolitik.

Für das Praxisfeld Straffälligenhilfe der Sozialen Arbeit, und hier insbesondere für den Bereich der Sozialen Dienste der Justiz, gilt noch einige Defizite aufzuarbeiten, bis die Erfahrung aus dem Arbeitsfeld angemessene Würdigung in der scientific society wie in der Kriminalpolitik finden kann. Ihr quantitatives Gewicht ist so bedeutend, wie ihr qualitatives noch ausbaufähig erscheint. Diese Defizite sind, was die Entwicklung einer Führungs- und Leitungskultur innerhalb der eigenen Berufsgruppe betrifft, eher ideologischer wie struktureller Art.

Im offenkundigen Mangel einer Arbeitsfeldkonzeption wird aber evident, dass Inhalt und Struktur sich bedingen und das Ausmaß an Fremdbestimmung sich durch eigene wissenschaftlich-theoretische wie empirische Erkenntnisse vermutlich erheblich hätte reduzieren lassen. Um einen eigenen Beitrag in der scientific community leisten zu können, bedarf es der Zusammenarbeit mit anderen Wissenschaften, wie etwa der Kriminologie und der Empirischen Sozialwissenschaft. Ein Aufbaustudiengang Devianzmanagement wird im Hinblick auf seine kriminalpolitische Relevanz nur dann Erfolg haben können, wenn er – ähnlich wie beim Modellstudiengang – von einem gemeinsamen Paradigma geleitet wird. Diese Paradigmenbildung als „...Übergang zwischen inkommensurablen Dingen..." (Kuhn 1976, 161) zu fördern, ist die Hauptaufgabe eines Masterstudienganges Devianzmanagement.

1.23.2 Zum Begriff der Devianz

Unter sozial abweichendem, deviantem Verhalten wird in den Sozialwissenschaften ein Verhalten verstanden, „das nicht den Regeln, Normen und Verhaltenserwartungen entspricht, die in der Gesellschaft oder in einem ihrer Teilbereiche (Familie, Schule, Freundeskreis, Betrieb etc.) gelten" (Hradil 2001, 480). In der Kriminalsoziologie wird Devianz als umfassenderer Verbrechensbegriff verstanden, der mit der Ausweitung auf sozialschädliches bzw. sozialabweichendes Verhalten der Einengung durch strafrechtliche Normen entgehen soll (vgl. Schwind 2006, 5). Norm und Abweichung sind in einer polykontexturalen Welt keine festen Größen (vgl. Werner 2006, 158), so dass die eingangs von Maelicke adaptierte Definition zu eng gefasst und als Ausrichtung für einen Studiengang Devianzmanagement für Sozialarbeiter, deren berufliche Substanz das Wissen um die Vielfältigkeit abweichenden Verhaltens ausmacht, für die weitere Betrachtung ungeeignet erscheint.

Ausmaß und Qualität von Devianz wird über die Norm definiert, von der wiederum eine Abweichung definiert wird. Soziale Arbeit mit Straffälligen im Sinn Theodor Litts beinhaltet immer den Balanceakt, die normativen Anforderungen der Gesellschaft an den Klienten umzuformen, ohne diese Forderungen aber aufzugeben. Die Arbeit kann insofern weder allein durch rechtspositivistische Positionen bestimmt werden, noch durch die Ansprüche der Klienten auf Selbstverwirklichung.[61] Die Klienten können beim Prozess der Selbstfindung innerhalb einer Subkultur den strafbewehrten Normbruch und die staatliche Sanktion als Inauguration umdeuten, so dass Straftaten gelegentlich eher als Übergang von einem sozialen Status in den anderen inszeniert

---

[61] Vgl. Reiners 2004, 7.

werden. So stehen sanktionierender Staat und subkulturelle Ausprägungen in einer Reziprozität ihrer Funktionen und der Staat wirkt in der Perpetuierung seiner Sanktionsmechanismen gelegentlich eher kriminogen als kriminalpräventiv (vgl. Werner 2006, 163).

1.23.3 Die Verortung

Die Auswahl des Fachbereiches Sozialwesen der Hochschule Niederrhein für ein Verortungsmodell eines weiterbildenden Masterstudienganges Devianzmanagement ist im wesentlichen der dortigen Entwicklungen und Erfahrungen im Zusammenhang mit dem Modellstudiengang geschuldet. Die Hochschule verfügt zudem über hohe Reputation und hat im Jahr 2005 beim "Hochschul-Ranking-2005"[62] im Fach "Soziale Arbeit" in NRW den ersten Platz belegt. Der weitere Umstand, dass bis 2003 Prof. Dr. Gerd. F. Kirchhoff Kriminologie am Fachbereich Sozialwesen der Hochschule Niederrhein gelehrt hat und der derzeit amtierende Dekan neben seiner juristischen Ausbildung auch über den Abschluss zum Diplom Kriminologen verfügt, wäre für die Realisierung eines Masterstudienganges Devianzmanagement sicher nicht als Hindernis zu sehen.

Zudem besteht bereits durch die Aufbaustudiengänge „Sozialmanagement" und „Psychosoziale Beratung und Mediation" Erfahrung in der curricularen Entwicklung und praktischen Durchführung eines Aufbaustudien-

---

[62] Hochschul-Ranking 2005 des "Centrums für Hochschulentwicklung – CHE" und der Wochenzeitung "DIE ZEIT".

ganges, wobei der Masterstudiengang Sozialmanagement als Verbundstudiengang mit der Fachhochschule Münster und in Kooperation mit dem Institut für Verbundstudien der Fachhochschulen Nordrhein-Westfalens (IfV NRW) durchgeführt wird. Aus beiden Studiengängen bieten sich Inhalte in der Konzeption und Modularisierung eines berufsbegleitenden Masterstudienganges Devianzmanagement zur Übernahme an.

Die einzelnen Studieninhalte wären in einem Modulhandbuch zum Studiengang und in den einzelnen Modulen noch differenzierter darzustellen, was im Rahmen dieser Arbeit nicht geleistet werden kann. Nach dem Grundsatz der Freiheit von Forschung und Lehre liegt die Ein- und Durchführung in der Gestaltungs- und Entscheidungskompetenz der Hochschule und der dort Lehrenden, in die hier nicht eingegriffen werden soll. In dieser Arbeit werden lediglich Möglichkeiten der inhaltlichen Gestaltung oder der Übernahme von bereits erprobten Modulinhalten aufgezeigt.

1.23.4 Organisatorisches

Der Studiengang sollte keine Insellösung der Hochschule Niederrhein repräsentieren, an der – aus welchen Gründen auch immer und konkurrierend zu anderen Hochschulen – in besonderer Weise geartete Bedingungen herrschen, die sie zur autarken Durchführung befähigen. Wie beim Masterstudiengang Sozialmanagement auch könnten im Studiengang Devianzmanagement durch die Zusammenarbeit mit anderen Hochschulen Synergieeffekte genutzt werden. Über die

Kooperation mit einer Fachhochschule in der IfV NRW hinaus, wäre eine weitere Kooperation mit der Ruhruniversität Bochum anzustreben, denn aus dem Masterstudiengang Kriminologie und Polizeiwissenschaften könnten in Absprache Modul- und Prüfungsinhalte übernommen werden.

1.23.5 Formales

Der Masterstudiengang sollte sich berufsbegleitend über die Gesamtdauer von vier Semestern erstrecken, wobei im letzten Semester die Masterarbeit im Umfang von 80 Seiten anzufertigen ist. Innerhalb des Studiums können 90 Creditpoints erworben werden, dies entspricht einem Studienvolumen von ca. 2.300 Stunden. Es können maximal 25 Studierende aufgenommen werden. Studienbeginn ist jeweils im Wintersemester.

Das Studium schließt ab mit dem akademischen Grad eines "Master of Arts" – Kurzform "M.A.". Eine Bezeichnung in englischer Sprache, die § 19, 6 HRG notwendig macht, wäre noch zu finden. Der Studiengang sollte für den höheren Dienst akkreditiert werden.

1.23.6 Studienform

Da sich der Studiengang als bundesweites Angebot versteht und die Situation von Berufstätigen zu berücksichtigen hat, ist er in einer Abstimmung von Präsenz- und Fernstudienphasen zu realisieren. Dabei werden die Fernstudienphasen mit einem Anteil von etwa ¾ der Studienzeit überwiegen, so dass er im Kern als Fernstudiengang angelegt ist. Das hat die Aufbereitung der Lerninhalte in Lehrbriefe zur Voraussetzung, die in ihrer didaktischen Qualität den Studierenden eine Erarbeitung und Aneignung der zu vermittelnden Inhalte in angemessener Zeit ermöglichen. Zudem sollte die Hochschule für die Studierenden im Wege des e-learning ein digitales Forum einrichten, in dem ein Austausch stattfinden kann und das von einem Dozenten betreut wird. Auf dieser Ebene wären auch alle studienrelevanten Texte zur Verfügung zu stellen, ohne dass man den Studierenden damit allerdings den Ankauf von Lehrbüchern völlig ersparen könnte und sollte.

Die Präsenzphasen beinhalten im Grundsatz die Anwesenheit zu Seminaren und Übungen in der Hochschule Niederrhein. Sie können an Wochenenden, also freitags nachmittags und samstags, stattfinden, bedingen thematisch aber auch die Anwesenheit von drei bis fünf Tagen. Diese längeren Phasen sollten innerhalb eines Semesters nur einmal eingeplant und als konkretes Datum rechtzeitig vor Beginn des Semesters bekannt gemacht werden.[63]

1.23.7 Die Zielgruppe

Der berufsbegleitende Masterstudiengang Devianzmanagement soll auf das theoretische Wissen und Kön-

---

[63] Das entspricht der aktuellen Verfahrensweise im Masterstudiengang Sozialmanagement, so dass insofern Erfahrungswissen vorliegt.

nen aufbauen, dass bereits im Bachelor-Studiengang Sozialarbeit erworben worden ist. Zum andern sollten die Studierenden aber auch über eine fundierte praktische Erfahrung im Arbeitsfeld Straffälligenhilfe verfügen. Diese Erfahrungszeit sollte mindestens fünf Jahre betragen und – was noch näher zu spezifizieren wäre – den direkten Kontakt zu Straffälligen und ihren Angehörigen beinhalten. Das ist von der Vorstellung geleitet, dass die Studierenden bei ihrer praktischen Arbeit im Feld einen Einblick in die sozialen Verhältnisse gewonnen haben, zu deren weiterer Erforschung sie im Masterstudiengang befähigt werden. Damit engt sich der Kreis potentieller Bewerber für einen solchen Studiengang auf Sozialarbeiter ein.

1.24 Das Ziel

Bislang verbindet die Akteure in den unterschiedlichen Bereichen der Straffälligenhilfe zwar die gemeinsame Berufsbezeichnung Sozialarbeiter, ohne dass diese aber mit spezifischeren Kenntnissen über die des eigenen Feldes hinaus gehen. Das ist zum einem dem Umstand geschuldet, dass kein kanonisiertes Wissen für jeden Bereich existiert und das eigene handlungsleitende Wissen im eigenen Feld mit dessen eigenen Anforderungen und Eigenarten erst vor Ort erworben werden muss. Zum anderen existiert ein Nebeneinander von Akteuren, die sich – abgesehen von notwendiger Kooperation im Einzelfall – weder in einem gemeinsamen Berufsverband noch in einem gemeinsam zugänglichen Medium über Arbeitsinhalte und Entwicklungen im Arbeitsfeld Straffälligenhilfe formell austauschen können.

In einem weiterbildenden Masterstudiengang Devianzmanagement ist Wissen zu vermitteln, das zu einem kompetenten Agieren und Leiten im gesamten Bereich der Straffälligenhilfe unabhängig von ihrer Trägerschaft befähigt.

Ziel des Masterstudienganges Devianzmanagement ist die Vermittlung eines generalisierenden Wissensbestandes an die Absolventen, die über rechtliche, kriminologische und methodische Kenntnisse im gesamten Arbeitsfeld Straffälligenhilfe verfügen und von ihren Schlüsselqualifikationen her in der Lage sind, leitende Funktionen in allen Bereichen der Straffälligenhilfe wahrnehmen zu können. Das kann als Projektleiter in einem freien Verband, Abteilungsleiter in den Kommunen, als Koordinator der Bewährungs-, Gerichtshilfe oder im Vollzug, oder als Leiter einer JVA der Fall sein.

1.25 Inhaltliche Angebote

Zu bearbeiten sind die vier Kernbereiche:

Kriminologie, Recht, Management und Führung, und Methoden der wissenschaftlichen Sozialforschung.

1.25.1 Kriminologie

Die wissenschaftliche Beschäftigung mit Kriminologie

offenbart eine Heterogenität von Theorien und methodologischen wie methodischen Orientierungen und Herangehensweisen, die einen Zugang zum Prozess der Entwicklung des Strafrechts, Zuwiderhandlungen gegen das Strafrecht und gesellschaftliche Reaktionen auf Zuwiderhandlungen zunächst erschweren. Den Studierenden soll ein Überblick über biologische, soziologische und psychologische Hintergründe von Delinquenz und Kriminalität als Erklärungsversuche abweichenden Verhaltens vermittelt werden, der aufzeigt, dass Norm und Abweichung keine festen Größen darstellen. Das Wissen soll sie in die Lage versetzen, ihre Arbeit im Feld kriminalpolitisch verorten zu können. Unter Nutzung der professionellen Fähigkeit zur Diagnostik sozialer und kultureller Umstände soll so die Kompetenz erworben werden, Kriminalität unter Rückgriff auf die sozialen Bedingungen der als kriminell definierten Handlungen rekonstruieren zu können.[64]

Der an der Ruhruniversität Bochum inzwischen ausschließlich als Fernstudiengang angebotene Masterstudiengang Kriminologie und Polizeiwissenschaften zielt auch auf Absolventen von Fachhochschulen für Sozialarbeit und beinhaltet im Modul Kriminologie I eine Vorlesungsreihe, die sich über ein Semester erstreckt. Die Veranstaltungsreihe wird nicht exklusiv für den Masterstudiengang angeboten, sondern diese Vorlesungen von Prof. Feltes richten sich in der Mehrheit an Studenten der Rechtswissenschaften. Das Modul beschäftigt sich mit Grundlagen und Theorien der Kriminologie als eigenständige Wissenschaft und beinhalt Bedin-

---

[64] Vgl. Werner 2006, 159; Eifler 2002, 82.

gungszusammenhänge und Wechselbeziehungen zwischen Tat, Täter, Opfer, sozialer Umwelt und gesellschaftlicher Verbrechenskontrolle (vgl. Modulbeschreibung zu Modul 1). Diese Inhalte können in vollem Umfang im ersten Semester auch Bestandteil des Masterstudienganges Devianzmanagement sein.

Sämtliche Vorlesungen zum Modul Kriminologie I sind bereits für die Fernstudierenden des Masterstudienganges im Wintersemester 2006/07auf Video aufgezeichnet worden und (exklusiv für sie) im e-learning System Blackboard[65] der juristischen Fakultät abrufbar.

In Kooperation mit der Universität Bochum könnten sie also leicht auch den Studierenden des Masterstudienganges Devianzmanagement zugänglich gemacht werden, was die paradigmenbildungsförderliche Möglichkeit der Diskussion mit Studierenden des Masterstudienganges Kriminologie und Polizeiwissenschaft wie auch mit Studierenden der Rechtswissenschaften im dortigen Forum unbedingt einschließen sollte. Im zweiten Semester könnte sich daran ein Seminar mit mehreren Präsenzphasen anschließen, in dem die unterschiedlichen kriminologischen Theorien devianten Verhaltens nicht zuletzt auch im Hinblick auf ihre Praxisbezüge und -relevanz eingehender debattiert werden.

Sich innerhalb des Moduls Kriminologie Erkenntnisse zu erarbeiten und anzunehmen ist aber nur ein Teil des Ziels, das mit der Einrichtung des gesamten Stu-

---

[65] Http://e-learning.rub.de/webapps/blackboard/execute/ viewCatalog?type=Course, zuletzt abgerufen am 10.11.2007.

dienganges verbunden ist. Dessen kriminalpolitische Relevanz hängt sicher auch davon ab, mit welchem erweiterten Wissenstand ihn die Absolventen beenden, aber in höherem Maß kommt es darauf an, wie es ihnen gelingt, ihr Wissen in die Praxis zu transferieren. Da mag es dann durchaus schwierig sein, etwa als Jugendgerichts- oder Bewährungshelfer (s)einem Jugendrichter die Reziprozität dessen Sanktionsverhaltens näher zu bringen und zu vermitteln, dass in diesem Fall für diesen Jugendlichen die höhere (vgl. 4.6.2.) und wirksamere Strafe die sein könnte, die Jugendstrafe nicht zu vollstrecken.

1.25.2 Rechtliche Grundlagen

Naturgemäß sollen in diesem Modul, das sich über drei Semester erstreckt, fundierte Kenntnisse im Strafrecht, Jugendgerichtsgesetz, Strafprozess- und Strafvollstreckungsrecht vermittelt werden, um den Absolventen die Rekonstruktion der Hintergründe richterlicher Entscheidungen zu ermöglichen. Dabei sind rechtsdogmatische Diskurse weniger von Interesse und Bedeutung für die Praxis. Es geht um Kenntnis und Verständnis des Rechtsrahmens, der den Handlungsspielraum der Akteure in der Straffälligenhilfe ebenso bindend gestaltet, wie den der Strafrichter in den Jugendgerichten, Strafgerichten oder Strafvollstreckungskammern. „...Durch eine vertiefte Befassung mit Recht kann erreicht werden, das es nicht bloß um die Rechtsanwendung geht, sondern dass die Absolventen sich auch in Planungs- und Entscheidungsprozesse einmischen können", (Höflich 1998, 25) stellt

Höflich fest und im Studiengang Devianzmanagement erworbene fundierte Rechts- und Kriminologiekenntnisse sollten dessen Absolventen dazu befähigen.

In den Studienbriefen und Seminaren soll Eklektizismus vermieden und in hohem Maße – etwa anhand eines komplexeren Leitfalles – bei der Erörterung rechtlicher Sachverhalte Bezug zur Praxis hergestellt werden. Um so mehr, als Sozialarbeiter sich häufig in der Übersetzerrolle sehen, ihren Klienten juristische Entscheidungen mit ihren Inhalten und Rechtsfolgen und möglichen Rechtsmitteln zu erläutern und lebensnah verständlich machen zu müssen. Das wird nur gelingen können, wenn man sich der eigenen Rechtsposition und Funktion innerhalb der staatlichen wie nichtstaatlichen Straffälligenhilfe sicher und in der Lage ist, berufliche Realitäten und Berufsethos in Einklang zu bringen. Koepsel (1998, 48 ff.) weist darauf hin, dass nicht immer erkennbar sei, in welchem Umfang den Studierenden an den Fachhochschulen ein entsprechendes Berufsethos nahegebracht werde.

Maßgeblich für das berufsethische Handeln in der Sozialen Arbeit sind die im code of ethics festgehaltenen Prinzipien und Standards, die auf dem Weltdelegiertentreffen der IFSW (International Federation of Social Workers) im Oktober 2004[66] in Adelaide verabschiedet

---

[66] Die Arbeitsgemeinschaft Deutscher Bewährungshelfer (ADB) bezieht sich auf ihrer Homepage noch auf die am 06.08.1994 in Colombo verabschiedete Fassung. Http://www.bewaehrungshelfer-online.de/site/index.php?/categories/3-THEMEN, zuletzt abgerufen am 10.11.2007. Andererseits stellt die IFSW auf ihrer Homepage in der Deutschen Version fest: „Die professionelle Soziale Arbeit des 21. Jahrhunderts wird

wurden. Unbeschadet einiger Aktualisierungen wird das Recht der Klienten auf Selbstverwirklichung und Selbstbestimmung als beachtens- und schützenswertes Gut herausgestellt. In den Leitsätzen zum berufsethischen Verhalten wird das als Forderung nach gegenseitigem Vertrauensverhältnis postuliert, das als Basis einer Zusammenarbeit unerlässlich ist.

Das Folgende mag die Praxisrelevanz und kriminalpolitische Bedeutung rechtlicher Rahmenbedingungen für die Straffälligenhilfe aufzeigen, deren substanzielle juristische Hinterfragung mit der von Kipp eingeforderten Loslösung aus der Fraglosigkeit des Selbstverständlichen (vgl. Kipp 1994, 18) in der Folge konzeptuelle Verwerfungen zeitigen könnte:

Die Anstellungsträger erwarten von den Bewährungshelfern, ihre Probanden im Erstgespräch deutlich über deren Pflichten im Rahmen der Bewährungsaufsicht und die Konsequenzen bei Auflagenverstößen hinzuweisen.[67] Das geschieht inzwischen ergänzend zum Gespräch auch häufig in einem Flyer[68], der im Anschluss an das Erstgespräch ausgehändigt oder auf

---

verstanden als dynamisch und sich weiterentwickelnd, von daher sollte keine Definition als endgültig angesehen werden." Http://www.ifsw.org/en/p38000409.html, zuletzt abgerufen am 10.11.2007.

[67] So etwa in den „Qualitätsstandards in der Bewährungshilfe in Bayern", 2.Teil, 2007 Punkt 4.hh).

[68] Soziale Dienste der Justiz, Information über die Bewährungshilfe: „Wodurch riskieren Sie möglicherweise den Widerruf...wenn Sie keine Verbindung zu uns aufnehmen oder fortgesetzt Termine nicht einhalten." http://www.berlin.de/imperia/md/content/senatsverwaltungen/justiz/sozialedienste/information__ber_die_bew_hrungshilfe__0107.pdf, zuletzt abgerufen am 10.11.2007.

Internetseiten von Landesverbänden der Bewährungshelfer verbreitet wird. Ein Standardhinweis ist der auf
den drohenden Widerruf, falls die Auflage der Kontakthaltung zum Bewährungshelfer nicht eingehalten
wird.[69] Einer rechtlichen Diskussion halten diese Hin-
weise auf § 56 f II StGB in ihrer komprimierten Form
aber nicht stand.

Dieser Verstoß allein begründet wohl noch nicht die
Besorgnis erneuter Straffälligkeit. Im Rahmen einer
Anhörung im Widerrufsverfahren, das ja nur aufgrund
der Berichte des Bewährungshelfers in Gang kommen
kann, wäre zunächst das Ausmaß des Verstoßes und
sein Bezug zu einer nun erneut zu stellenden Prognose
zu erörtern. Kontaktunwilligkeit bei straffreier Lebensführung zum Anlass des Widerrufs einer Strafaussetzung zur Bewährung zu nehmen ist in einer von spezi-
alpräventiven Zielsetzungen geprägten Grundkonstel-
lation kriminalpolitisch so wenig zu vermitteln wie so-
zialpädagogisch.

Das gilt in besonderer Weise für mit Widerruf nach
§ 26 I, 2 JGG bedrohte Jugendliche, die – bei straffreier Lebensführung – gar nicht erst beim Bewährungshelfer erscheinen oder den weiteren Kontakt nach dem
ersten Gespräch abbrechen. Häufig werden dann auch
die Termine zur Aufstellung des Bewährungsplans
(§ 60 I JGG) nicht eingehalten. Die weitere seminaris-

---

[69] „Wenn Sie einem/r Bewährungshelfer/in unterstellt worden sind, ist es
Ihre Pflicht, Kontakt zu halten. Wenn Sie dieser Pflicht nicht nachkommen, kann Ihnen das aufsichtsführende Gericht die Bewährung widerru-
fen." Http://www.bewaehrungshilfe-bayern.de/, zuletzt abgerufen am
10.11.2007.

tische Erörterung der gängigen Praxis einiger Jugendrichter, als pädagogische Maßnahme Arrest zu verhän-
gen, könnte Bedenken aufzeigen, da gem. § 11,3 JGG
zuvor eine Belehrung über die Folgen schuldhafter
Zuwiderhandlung hätte erfolgen müssen. Diese Belehrung ist aber gem. § 60,I JGG Wesen und Hauptzweck
des Termins zur Aufstellung des Bewährungsplans und
gerade die wird durch die beharrliche Kontaktverwei-
gerung nun unmöglich gemacht.

Der weitere, kriminologisch zu führende Diskurs des
zugrunde liegenden Sachverhalts eines Kontaktab-
bruchs oder einer -verweigerung von Probanden mit
straffreier Lebensführung könnte augenscheinlich werden lassen, wie sich Transdisziplinarität (s. 4.5) in einem Studiengang aktualisiert. Dazu gehört auch, im
Seminar dem Gedanken Raum zu geben, in welcher
Weise sich die Bewährungshilfe – oder doch besser:
die Arbeit der Bewährungshelfer – verändern würde,
wenn Bewährungshelfer in der Folge ihre Probanden
darauf hinweisen, dass es unschädlich ist, wenn sie
der Auflage der Verpflichtung zur Kontakthaltung nicht
nachkommen. Was jedenfalls solange gilt, wie sie keine erneuten Straftaten begehen, oder sich aus ihrer
Lebenssituation und -führung keine Anzeichen für die
Besorgnis ergeben, dass es zu Straftaten kommen
könnte.

In einer engeren Auslegung entspräche das durchaus
der Absicht der Autorengruppe, im Aufbaustudiengang
nicht nur isolierte rechtliche und kriminologische Wissensbestände zu vermitteln, sondern die Ausbildung
eines soziologischen Denkens zu erreichen, „...das die

Teilnehmer befähigt, das angebotene Wissen zur kritischen Reflektion sozialer Arbeit mit Delinquenten anzuwenden" (Cornel u. a. 1998, 27).

Zu dieser Reflektion gehört wohl auch, die Sozialarbeit an die Lebenswelt der Rezipienten auszurichten, deren Wissens- und Handlungsvorräte sich nicht aus der Sozialisation in einem abendländisch-christlichen Kulturkreis speist. Werner macht darauf aufmerksam, dass „...das Wissen um andere bedeutende Rechtssysteme, ...zum Beispiel die Scharia, auch in einer postmodernen Gesellschaft zum Wissensgut kriminalpräventiver Akteure gehören sollte" (Werner 2006, 162).

1.25.3 Management und Führung

Da unter anderem auch die Untersuchung von Kurze zeigt, dass sich eine Leitungskultur in der Sozialarbeit nur zögernd entwickelt[70], steht ein Aufbaustudiengang mit dem vorgenannten Anspruch vor einer doppelten Aufgabe: Einerseits muss er auf bereits vorhandene Leitungs- und Führungsfunktionen[71] aufbauen, ande-

---

[70] Vgl. Kurze 1999, 30; 449.

[71] Beginnend mit der Strukturreform in der Bewährungshilfe in Bayern (Klotz, in: Bayerische Staatszeitung 2005/Nr. 30, 2) sind inzwischen mehrere Empfehlungen (wie in Hessen) oder als Qualitätsstandards betitelte Texte publiziert, oder schon – wie zum 01.01.2008 in Bayern – verbindlich umgesetzt worden. In NRW wird eine ebenfalls als Qualitätsstandards bezeichnete Handlungsanweisung für die Sozialarbeiter in den Sozialen Diensten der Justiz zum 01.06.2008 in Kraft treten. Sie alle sind unter Mitwirkung von in der Praxis tätigen Bewährungshelfer über lange Zeit entwickelt worden und sehen dezidierte Führungspositionen vor.

rerseits aber auch durch sein Angebot erst die Grundlage einer Führungskultur schaffen. Hierarchisierung ist kein Hemmnis der Professionalisierung, sondern eine ihrer notwendigen Folgen auf dem Weg „…sich selbst als Experten für das eigene Berufsfeld zu begreifen, Kompetenz zu zeigen und eigene Konzepte zu entwickeln…"(Kurze 1999, 31). Dabei kann auf Module des Masterstudiengangs Sozialmanagement an der Hochschule Niederrhein zurückgegriffen werden.

Im Modul „Einführung in das Sozialmanagement", in dem die Studierenden in die Lage versetzt werden sollen, sich mit elementaren Begrifflichkeiten des Sozialmanagements auseinander zu setzen wie eine kritische Bewertung des Managementgedankens in der Sozialen Arbeit vornehmen zu können (vgl. Modulhandbuch, 6), wäre modifizierend der konkretere Bezug zum Feld Straffälligenhilfe und zum Inhalt dieses Studienganges herzustellen. Das bedarf insofern einer einführenden Präsenzveranstaltung, während die eigentlichen Modulinhalte im Fernstudium erarbeitet werden können. Hier kann insgesamt auf umfangreiches Erfahrungswissen und gute Modularisierung zurück gegriffen werden, so dass eine modifizierte Anpassung der Studienbriefinhalte an einem Masterstudiengang Devianzmanagement leicht möglich wäre.

Die Institutionalisierung der Hilfe im Zuge der Professionalisierung der Sozialen Arbeit war ein notwendiger Schritt von einer ideographisch geprägten Sicht- und Handlungsweise zu einer in ihren Abläufen und Auswirkungen geregelten Sache von Trägern und Einrichtungen. Inwieweit sich Strukturen prägend, fördernd oder hindernd ausgewirkt haben und auswirken, gewinnt in dem Maße an Bedeutung wie sich Soziale Arbeit in der Binnen- wie der Außensicht als entmystifizierte Dienstleistung darstellt. Das gelingt auf beiden Seiten im Bereich der Straffälligenhilfe nicht immer, weil Devianz mit ihren schädigenden Auswirkungen die Täter häufig dämonisiert[72] und die ihnen zugeordneten Interaktionspartner heroisiert werden. Gleichwohl geht es um professionelle Dienstleistungen innerhalb von Institutionen, deren Struktur- und Funktionsanalyse erst die Anhaltspunkte für die Weiterentwicklung und Optimierung dieser Dienstleistungen bietet.

Im Bereich der Organisationsanalyse/Organisationsentwicklung bietet sich aus dem Masterstudiengang Sozialmanagement an der Hochschule Niederrhein das gleichnamige Modul zur Übernahme an, in dem die Studierenden folgende Kompetenzen erwerben sollen:

- den Organisationscharakter Sozialer Arbeit sowohl in der Einbindung in eine Trägerstruktur als auch im organisationsinternen Bereich zu erkennen und spezifisch zu bewerten,
- die innerhalb von Organisationen wirkenden Mechanismen zu analysieren und diese Mechanismen im Hinblick auf Organisationsgestaltung reflektierend zu handhaben,
- wesentliche Ansätze zur Organisationsentwicklung zu charakterisieren und auf ihre praktischen Wirkungen hin zu bewerten,

---

[72] Vgl. Strasser 2005

- die Leitformel der "lernfähigen" Organisation in konkrete Handlungsformen, Handlungsmuster und Handlungsanforderungen zu übersetzen und diese auf Einrichtungen der Sozialen Arbeit zu beziehen,
- Verfahren des Projektmanagements als instrumentelle Vorgehensweisen im Rahmen der Organisationsentwicklung zielbezogen zu handhaben.[73]

Dem Wissen um Schwächen, Stärken und Entwicklungsmöglichkeiten der eigenen Institution oder Einrichtung muss die Erkenntnis der organisationssteuernden Bedeutung von Leitung folgen, um sie als Gestaltungselement zu akzeptieren und ein die spezifischen Bedingungen in der Organisation reflektierendes Leitungsverhalten entwickeln zu können.[74]

Leitungsfunktionen beinhalten neben diesem ordnenden und optimierenden Binnenaspekt „...auch eine Qualifizierung der Führungsebene im Arbeitsfeld (Devianzmanagement), um sich einzelfallübergreifend in Prozessnetzwerken souverän mit anderen bewegen zu können" (Maelicke 2005). Insofern setzt die Wahrnehmung von Leitungsfunktionen generell Fähigkeiten in personen- und gruppenbezogenen Kommunikationskontexten voraus, wie sie innerhalb des Masterstudien-

---

[73] Vgl. Hochschule Niederrhein, Fachbereich Sozialwesen, Modulhandbuch zum weiterbildenden Master-Studiengang Sozialmanagement, Modul Organisationsanalyse/Organisationsentwicklung.

[74] Vgl. Hochschule Niederrhein, Fachbereich Sozialwesen, Modulhandbuch zum weiterbildenden Master-Studiengang Sozialmanagement, Modul Leitung und Personalmanagement

ganges Sozialmanagement in dem Modul Leitung und Personalmanagement und dem Modul Kommunikation, Präsentation und Moderation als zum Kompetenzprofil zugehörig beschrieben werden (vgl. Modulbeschreibung: Kommunikation, Präsentation, Moderation).

Dass sich etablierte Führung, die ihre Position nicht der Qualifikation durch den Abschluss eines Aufbaustudiengangs Devianzmanagement verdankt, später mit dessen Absolventen auseinandersetzen muss, die ihr Positionen streitig macht, soll hier nicht unerwähnt bleiben. Welche Auswirkungen die Qualifikation der Akteure durch den Abschluss eines Aufbaustudiums auf die Struktur ihrer jeweiligen Anstellungsträger hat oder haben kann, kann hier nicht abschließend erörtert werden. Wenn die zusätzliche Qualifikation, die berufsbegleitend und mit nicht unerheblichen Zeit- und Finanzaufwand erworben wurde, allerdings zu keiner Veränderung betrieblicher, struktureller oder tariflicher Art beitragen würde, entspräche dies nicht der konzeptionellen Intention, einen solchen Studiengang einzurichten.

Dessen Zweck ist es aber nicht, um ihrer selbst willen Führungspositionen zu schaffen und deren Inhaber mit eklektizistischem Wissen zu versehen. Es geht darum, einen Beitrag dazu zu leisten, eine Organisations- und Führungsebene zu entwickeln, die im Zuge vermehrter Legitimationsanfragen in der Lage ist, Akzeptanz für die Erbringung spezifischer sozialer Dienstleistungen aufzubauen (vgl. Modulbeschreibung: Marketing in der Sozialen Arbeit). Gerade die Akteure im Bereich des Arbeitsfeldes Straffälligenhilfe sind im Zuge aktueller politischer Debatten und publizistischer Erörterungen schnell dem Ausmaß von Achtung und Ächtung ausgesetzt, das ihrem Klientel entgegengebracht wird.

1.25.4 Methoden der wissenschaftlichen Sozialforschung

Die Straffälligenhilfe – was angewandte, Lehr- und Grundlagenforschung angeht – stand bislang noch nicht so sehr im Fokus der kriminologischen Forschung (s. 1.1.2). Dem abzuhelfen dient die Form des weiterbildenden Masterstudiengangs, der berufspraktische Erfahrung zur Voraussetzung hat. Hier bietet sich die Chance, die Erfahrungen aus dem Arbeitsfeld Straffälligenhilfe wissenschaftlich abbilden zu lernen und so der Lehre zugänglich zu machen, wenn dies in einem Masterstudiengang geschieht, der dem Profiltyp „stärker forschungsorientiert" entspricht.
In der Zusammenarbeit mit der Ruhr-Universität Bochum sollten im Masterstudiengang Wege gefunden und Methoden entwickelt werden, das umfangreiche Erfahrungswissen der im Arbeitsfeld Straffälligenhilfe tätigen Sozialarbeiter wissenschaftlich aufzuarbeiten. Darin, in der Entdeckung der Praxis, liegt seine große kriminalpolitische Bedeutung und Chance.

Von den hauptamtlichen Bewährungshelfern werden aktuell etwa 200.000 Probanden betreut, die Jugendgerichtshelfer waren im Jahr 2005 in 134.916 Fällen tätig und in den Justizvollzugsanstalten saßen zum Stichtag 30.11.2006 79.960 Personen ein. Hinzu kommt eine nicht näher zu ermittelnde Anzahl von

Personen, die von in der Freien Straffälligenhilfe tätigen Sozialarbeitern und von den Sozialarbeitern der Führungsaufsichtsstellen betreut werden, wobei es insgesamt zu Überschneidungen und Doppelbetreuungen kommen kann.

Nicht immer kommt es zu einer längerfristigen Zusammenarbeit mit den Klienten, in der Mehrheit der Fälle aber ergibt sich im Lauf einer mehrjährigen Betreuungszeit ein großes Wissen um die sozialen Verhältnisse und die Rekonstruktion der motivbildenden Handlungsrahmen der Klienten, das von Straffälligenhelfern aber eher selten kommuniziert wird. In der Zeitschrift Bewährungshilfe etwa, die zwar nicht das Hausblatt der Bewährungshelfer ist, ihnen gleichwohl für Publikationen am nächsten stehen dürfte, sind Veröffentlichungen über eigenes praktisches Handeln eher die Ausnahme.[75] Nach mehr als 50 Jahren Existenz und Tätigkeit hauptamtlicher Bewährungshelfer liegt nur eine Publikation vor, mit der die Arbeit eines Bewährungshelfers mit und am Probanden umfangreich dokumentiert worden ist.[76] Insofern liegt auch wenig verwert- und damit lehrbares Wissen über die motivbildenden Handlungsrahmen der Bewährungshelfer selber vor. Was auch daran liegen mag, dass die Bewährungshelfer – wie Sozialarbeiter in anderen Arbeitsfeldern auch – der Beforschung ihres praktischen Tuns eher skeptisch und ablehnend gegenüberstehen.

---

[75] Zuletzt: Scharper, „Das war besser als Chemie", in: BewHi 2/2004, 389 ff.
[76] Reiners 1994.

Andererseits bestehen ebenso Bestrebungen, das eigene, intuitiv geleitete Handeln zu standardisieren und einer wissenschaftlichen Bewertung zugänglich zu machen. So widmet sich etwa in der Bewährungshilfe Siegen[77] seit Juli 2007 ein Team der Erarbeitung eines standardisierten Instrumentariums zur Erhebung des individuellen Rückfallrisikos der Probanden der Bewährungshilfe.

Aus der eigenen qualitativen Aufarbeitung des Erfahrungswissens der Akteure im Arbeitsfeld Straffälligenhilfe werden sich neue Fragen und Antworten für Kriminologie und Kriminalpolitik ergeben, wenn sich die Akteure als teilnehmende Beobachter im eigenen Feld begreifen und gelernt haben, ihre Beobachtungen zu beschreiben und zu bewerten. Der normativen Kraft des Praktischen zu mehr Bedeutung zu verhelfen wäre Aufgabe und Zielstellung dieses Moduls des Masterstudienganges Devianzmanagement, wobei sich die Methoden der qualitativen Sozialforschung als Zugangsweg eher anbieten (vgl. Werner 2006, 161), gleichwohl aber die Methoden der quantitativen Sozialforschung im selben Ausmaß zu erlernen sind.

Dazu bietet sich zunächst die Übernahme des Moduls „Umgang mit Daten" aus dem Masterstudiengang Sozialmanagement an, in dem die Befähigung erworben werden soll, unterschiedliche Daten, Datenangaben und -aufbereitungen in ihrer Bedeutung und Aussagekraft zu bewerten (vgl. Modulhandbuch, 9). In einem

---

[77] Http://www.bewaehrungshilfe-siegen.de/5020389a030be8c01/index.html, zuletzt abgerufen am 10.11.2007.

weiteren Modul sollte es um Elemente und Aspekte der Sozialarbeiterforschung gehen, was gleichermaßen Sozialarbeiter in der Rolle des Forschers im Arbeitsfeld wie Sozialarbeiter als Objekt von Forschung meint.

Im Rahmen der Lehrforschung[78] verfügt der Fachbereich Sozialwesen der Hochschule Niederrhein bereits über Erfahrung in der Durchführung von kleineren Forschungsprojekten mit Praxisbezug, die gemeinsam mit Studierenden entwickelt und durchgeführt wurden. Die zuletzt durchgeführte Praxisforschung hat sich in narrativen Interviews mit Betroffenen mit der Gewalt junger Frauen beschäftigt und ein weiteres Praxisprojekt durch Fragebogen und Einzelinterviews mit der „Entwicklung von Qualitätssicherung in den Sozialen Diensten der Justiz (Bewährungshilfe)".[79]

Ähnliche Forschungsprojekte sollten auch im Masterstudiengang Devianzmanagement durchgeführt werden und so den Studierenden nach der „...Vermittlung von theoretischen und empirischem Grundlagenwissen zur Durchführung von empirischen Forschungen und zum Verständnis von Forschungsergebnissen" die Möglichkeit schaffen, „die dazu relevanten wissenschaftlichen Erkenntnisse zusammenzutragen, auszuwerten und in die Planung und Umsetzung eines eige-

---

[78] Das entspricht den Anforderungen des Praxisprojektes innerhalb des Modellstudienganges.

[79] Leider liegen die Abschlussberichte bislang noch nicht vor, was ein Indiz dafür sein mag, das mit der zeitaufwändigen Auswertung von eher qualitativ ausgerichteter Forschungsvorhaben die Grenze dessen erreicht ist, was für Dozenten neben anderen Lehrverpflichtungen leistbar ist.

nen Forschungsprojektes einzubeziehen".[80] Der Bezug auf das Modul „Angewandte sozialwissenschaftliche Forschung (mit Beispielen aus polizeilicher und sozialer Arbeit)" des Masterstudienganges Kriminologie und Polizeiwissenschaft an der Ruhruniversität macht die Nähe beider Studiengänge deutlich, die ihren Niederschlag in einem gemeinsamen Forschungsprojekt[81] finden könnte.

So existieren in mehreren Städten an der Schnittstelle von Polizei und Kinder- und Jugendhilfe kriminalpräventive Modellprojekte (vgl. DJI, 1999), wie etwa in Düsseldorf das Projekt ET-Jugend. Das Projekt ist auf mehrfach auffällig gewordene Jugendliche ausgerichtet, die von der Polizei aufgrund dieses Merkmals aus dem Datenbestand ausgewählt wurden. Durch aufsuchende Gefährderansprache wird dem Jugendlichen verdeutlicht, dass er in einem besonderen Monitoring steht und nun aus präventiven Gründen häufiger mit polizeilichen Kontrollen rechnen müsse, die sich auch auf ihn begleitende oder ihm zuzurechnende Personen erstrecke. In der Folge kommt es dann – durchaus auch mehrfach am Tag – zu häufigeren Kontrollen an Orten, an denen sich Jugendliche treffen oder aufhalten. Die Namen der Begleit- oder Kontaktpersonen der Zielperson werden dabei offenkundig schriftlich festgehalten. Der Einsatztrupp (ET) hat so im Lauf von drei Jahren einen Überblick über personelle Verstri-

---

[80] Vgl. Inhalte und Qualifikationsziele zu Modul 7, Modulhandbuch Masterstudiengang Kriminologie und Polizeiwissenschaft, Ruhruniversität Bochum.

[81] Das entspricht der Intention des § 22 HRG.

ckungen und Verwicklungen von co-offending innerhalb der Szene erworben und nutzt in der Kontrollsitu-
ation diese Kenntnisse beim Gespräch mit der Zielperson über deren aktive und passive Gefährdung von
anderen Jugendlichen oder durch andere Jugendliche.
Das Projekt ist in der örtlichen Bewährungshilfe auch
mit dem Hinweis vorgestellt worden, dass Bewährungshelfer ihrerseits der Polizei rückfallgefährdete
Probanden für das Monitoring anempfehlen können.

Die Evaluation dieses oder vergleichbarer Projekte (die
nach ungesichertem Eindruck des Verfassers innerhalb
der Polizei noch nicht hinreichend kommuniziert werden) ist eben wegen des Schnittstellencharakters aus
polizeiwissenschaftlicher Forschungsperspektive für
einen Studierenden des Masterstudienganges Kriminol-
logie und Polizeiwissenschaft so interessant wie aus
der sozialarbeiterischen Sicht eines Studierenden im
Masterstudiengang Devianzmanagement.

So innovativ wie sinnvoll derart gemeinsame Forschungsprojekte auch immer sind, läge doch nahe,
dass die Hochschule Niederrhein die Erfahrungen der
Kontaktstelle für praxisorientierte Forschung e. V. an
der Evangelischen Fachhochschule Freiburg nutzt und
in Ausweitung und Professionalisierung bisheriger Forschungsprojekte ein eigenes Forschungsinstitut grün-
det. Damit wäre eine Einrichtung geschaffen, in der
sich vorrangig eine Fachhochschule für Sozialarbeit mit
Forschungsvorhaben und wissenschaftlichen Erkenntnissen im Bereich der Straffälligenhilfe beschäftigt,
und der Arbeit der in diesem Bereich tätigen Sozialarbeiter kriminalpolitisch zu mehr Relevanz verhilft.

Am Zentrum für Kinder- und Jugendforschung an der Evangelischen Fachhochschule Freiburg (ZfKJ) sind im übrigen drei Sozialarbeiter/Pädagogen als hauptamtliche Mitarbeiter beschäftigt[82], was dafür spricht, dass Forschung an und durch Fachhochschulen nicht ohne Interesse und Geldgeber ist und die Fußnote 79 vermutlich entbehrlich gemacht hätte, wenn es an der Hochschule Niederrhein bereits ein Forschungsinstitut gäbe. Andererseits kann und darf eine Lehrforschung nicht von der Auftragslage anderer abhängig gemacht werden. Wissenschaft hat sich um der Gewinnung neuer Erkenntnisse willen auch und gerade von sich aus forschend einzumischen.

Das aktuelle Ausmaß der föderalen Umstrukturierungsmodelle in der Bewährungshilfe[83] etwa böte über die Zusammenstellung der strukturellen Bedingungen in der Untersuchung von Kurze (vgl. Kurze 1999, 32 ff.) hinaus Anlass genug, sie auf ihre Absichten und Ziele zu untersuchen. Von besonderem Reiz, – und als erste Markierung in der Forschungsszene der Straffälligenhilfe sicher nicht völlig untauglich –, könnte sich ein der Hochschule Niederrhein angegliedertes Forschungsinstitut im Zuge intramuraler Interdisziplinarität[84] mit der seit dem 01.01.2007 realisierten Übertragung der Aufgaben der Bewährungs- und Gerichtshilfe auf einen freien Träger (Neustart gGmbH) in Baden-

---

[82] Http://zfkj.de/zfkj/leitbild.htm.

[83] Siehe Abschlussbericht und Empfehlungen der Kommission „Zukunft der Sozialen Dienste in Hessen"; Die Strukturreform in Bayern; Das Projekt JustuS in Niedersachsen.

[84] Sowohl im Masterstudiengang Sozialmanagement wie parallel im Masterstudiengang Devianzmanagement.

Württemberg beschäftigen. Hier war evaluierende Begleitforschung im Ursprung beabsichtigt, wurde dann aber nicht beauftragt. Die Forschung im Rahmen des Masterstudienganges könnte sich etwa der Frage widmen, wie viel Aussicht auf Erfolg eine Bewährungshilfe nach dem Elberfelder Modell (s. 2.2.1) in Baden-Württemberg haben kann.

Ein sich auf das Arbeitsfeld Straffälligenhilfe ausrichtendes und an die Hochschule Niederrhein angebundenes Forschungsinstitut könnte zudem Bestrebungen und Projekte aus der Praxis aufgreifen. So könnte etwa das bereits erwähnte Vorhaben der Praktiker in Siegen[85] oder das Projekt Ambulante Intensive Betreuung (AIB)[86] in Köln im Rahmen eines Lehrprojektes des Masterstudienganges wissenschaftlich begleitet und erforscht werden.

---

[85] Siehe Fußnote 77.
[86] Http://www.lg-koeln.nrw.de/aufgaben/bewaehr/aib_Projektbericht, zuletzt abgerufen am 10.11.2007.

Konklusion

Für die Fachhochschulen für Sozialarbeit bietet der europäische Prozess der Angleichung der Hochschulabschlüsse in mehrfacher Hinsicht Chancen, ihre bisherige Position in der akademischen Landschaft erheblich zu verbessern. Zum einen kann es durch den Anstoß von außen „im günstigsten Fall...zu einer Konsensvorstellung von Lehrenden, Studierenden und Praktikern über das Wesen von Disziplin und Profession der Sozialen Arbeit kommen" (Klüsche zit. in Buttner 2003, 26), zum anderen verwischen sich die Unterschiede zwischen den an Universitäten und Fachhochschulen erworbenen Abschlüssen.

Inwieweit dies im Bereich der Bachelor-Abschlüsse zur Emanzipation des Berufstandes und zur Vollmitgliedschaft – so sie überhaupt erstrebenswert ist – in der scientific community führt, mag dahinstehen. Ob die in der Straffälligenhilfe tätigen Sozialarbeiter nach Abschluss ihres Studiums ihrer Stimme in der Kriminalpolitik zu mehr Gewicht verhelfen können, wird im höheren und entscheidenden Maße von der Qualität und Akzeptanz der berufsbegleitenden nicht-konsekutiven Masterstudiengänge abhängen, in denen Sozialarbeiter ihre beruflichen Erfahrungen wissenschaftlich zu begreifen und zu kommunizieren lernen.

Ein an der Hochschule Niederrhein im Fachbereich Sozialwesen zu etablierender Masterstudiengang Devianzmanagement könnte in Kooperation mit anderen Hochschulen und bei paralleler Einrichtung eines Forschungsinstitutes zu dieser Thematik, der Sozialarbeit in der Straffälligenhilfe und ihren Rezipienten zu mehr kriminalpolitischer Relevanz verhelfen.

Da es (noch) keine Sozialarbeiterwissenschaft gibt, innerhalb derer ein Paradigma sinnstiftende Wirkungsmacht entfaltet hat in der sich eine Sozialarbeiterkultur hätte ausbilden können, bilden Lehrende an Fachhochschulen für Sozialarbeit (noch) eine „Profession ohne Eigenschaften" aus (Bardmann 1994, 399). Deren „...theorielose, d. h. theoretisch unorthodoxe und wissenschaftlich respektlose Schmuddelkinder" (ebd., 13) können in ihrem hermeneutischen Grundverständnis durch induktiv orientierte Exploration ihres Arbeitsfeldes Straffälligenhilfe zu neuen, kriminologisch relevanten Erkenntnissen führen.

Zuvor werden sie allerdings den Respekt gegenüber der Orthodoxie der sozialwissenschaftlichen Forschung in einem Masterstudiengang erlernen und erproben müssen, um sich im Verlauf des Studiums ein positives Verhältnis zu faktenbezogenem Denken zu erarbeiten (vgl. Klüsche 1996, 37). Ob eher aus Sozialarbeitern gute Kriminologen oder aus Kriminologen gute Sozialarbeiter werden (vgl. Reiners 2005, 291), mag dann dahinstehen.

Für die Kriminalpolitik, unter der in einem weiteren Sinn alle staatlichen und gesellschaftlichen Strategien und Handlungen verstanden werden, die direkt oder indirekt, präventiv oder repressiv der Reduktion von Kriminalität dienen, stellt die empirische Sozialforschung für die kriminalpolitische Willensbildung nur eine Antriebskraft von vielen dar (vgl. Kaiser 1997, 473). Sie kann im Bereich der Sanktions- und Instanzenforschung einem kriminalpolitischen Informationsbedarf entsprechen und, bei aufgewiesener Mängellage, durchaus auch kriminalpolitischen Handlungsbedarf erzeugen. Sie sollte sich aber davor hüten, sich im eigenen Effektivitätspostulat zu verstricken.

Soziale Arbeit in der Straffälligenhilfe ist immer multifaktoriell angelegt und bedingt, und hat mit Menschen zu tun, deren Verhalten von einer Vielzahl sozialer Bedingungen und sozialer Beziehungen bestimmt wird, als dass es mit Gewissheit gelingen kann, die Faktoren zu isolieren, die straffällige oder straffreie Lebensführung bedingen.

Um so mehr bedarf es einer optimalen Ausbildung der in diesem Arbeitsfeld agierenden Sozialarbeiter, die mit ihren Kenntnissen der Lebenswelt und -weisen der Betreffenden dann einen höheren Einfluss auf die kriminalpolitische Willensbildung nehmen werden, wenn es ihnen in höherem Maße gelingt, diese Kenntnisse rechtlich wie empirisch aufzubereiten und zu kommunizieren. Das ist das Anliegen und darin liegt die kriminalpolitische Relevanz des Masterstudienganges Devianzmanagement.

Die Fernuniversität Hagen hat mit der Einführung des Studienganges Bachelor of Law zum Wintersemester 2003/2004 gezeigt, dass es Sache einer Hochschule sein kann, dem Bedürfnis der Praxis mit der Einrichtung eines spezifizierten Studienganges zu folgen. „… Hintergrund der Entscheidung zugunsten eines vollkommen neuen Studienkonzeptes war die Erkenntnis, dass das herkömmliche Jurastudium nicht mehr marktorientiert ausbildet und deshalb für einen großen Teil der Studierenden nicht mehr zweckmäßig ist".[87] Daraus ist aber nicht abzuleiten, es sei dann auch Sache der Universität, den Markt für dessen Absolventen im Einzelnen vorzubereiten. Gleichwohl haben die ersten Absolventen offensichtlich gute Marktchancen, worauf die Fernuniversität nicht ohne Stolz hinweist.[88]

Da es für die an Fachhochschulen erworbenen Masterabschlüsse im Akkreditierungsverfahren des ausdrücklichen Zusatzes über die Relevanz für den höheren Dienst bedarf, wäre dieser Akt der Vorbereitung auf Führungspositionen im öffentlichen Dienst durchaus Sache der Hochschule.

---

[87] Http://www.fernuni-hagen.de/rewi/studium/bachelor/profilllb.shtml, zuletzt abgerufen am 10.11.2007.

[88] Inzwischen haben die Absolventen offensichtlich gute Marktchancen. worauf die Fernuniversität nicht ohne Stolz hinweist, vgl. http://www.fernuni-hagen.de/rewi/studium/bachelor/berufsbild.shtml, zuletzt abgerufen am 10.11.2007.

Literaturverzeichnis

Arbeitsgemeinschaft Deutscher Bewährungshelfer (ADB): http://www.bewaehrungshelfer-online.de, zuletzt abgerufen am 10.11.2007.

Bader, Kurt: Viel Frust und wenig Hilfe – Die Entmystifizierung Sozialer Arbeit. Beltz, Weinheim/Basel 1987.

Bardmann, Theo M.: Sozialarbeit als „Profession ohne Eigenschaften", MS , 1994.

Baumann, Heinz: Professionalisierungsprobleme der Sozialarbeit in der Bewährungshilfe, in: BewHi 37. Jg., /1990.

Beck, Ulrich: Risikogesellschaft. Auf dem Weg in eine andere Moderne. Frankfurt 1986.

Bock, Michael: Kriminologie. Vahlen, München 2007.

Buttner, Peter: Grundsätzliche Überlegungen zur Modularisierung in Studiengängen der Sozialen Arbeit. In: Klüsche, Wilhelm: Modularisierung in Studiengängen der Sozialen Arbeit. Mönchengladbach: FHN, Band 36, 2003.

Cornel, Heinz; Deichsel, Wolfgang; Grosser, Rudolf; Höflich, Peter; Huchting, Konrad: Weiterbildungsstudiengang „Recht und Kriminologie in der Straffälligenhilfe" – Neue Arbeitsansätze der Sozialarbeit, in: BewHi, 45. Jg., 1/1998.

Cornel, *Heinz*: Modularisierung und Zweistufigkeit des Studiums der Sozialen Arbeit an der Alice-Salomon-Hochschule Berlin unter besonderer Berücksichtigung der Vorbereitung auf den Umgang mit Delinquenz, in: BewHi, 52. Jg., 4/2005, 318 ff.

Damian, Hans-Peter: Die (anfängliche) Strafaussetzung und die (nachträgliche) Aussetzung des Strafrestes. Grundzüge ihrer Entwicklung bis zum Dritten Strafrechtsänderungsgesetz, in: Kerner, Hans-Jürgen (Hrsg.): Straffälligenhilfe in Geschichte und Gegenwart: Beiträge und Dokumente zur Entwicklung von Gerichtshilfe, Strafaussetzung, Bewährungshilfe, Strafvollzug und Strafentlassenenhilfe aus Anlass des 40. Jahrestages praktischer Bewährungshilfe in der Bundesrepublik Deutschland – Bonn: Forum, Godesberg 1990.

Deutsche Jugendinstitut *e. V. (DJI)* : Straftatverdächtige Kinder und ihre Familien - Problembewusstsein zuständiger Institutionen. Dokumentation zweier Workshops und einer Befragung von Fachleuten. München und Leipzig, DJI. 1999.

Eifler, Stefanie: Kriminalsoziologie. Bielefeld: transcript 2002.

Engelke, Ernst: Soziale Arbeit und ihre Bezugswissenschaften – Ressourcen und Schwierigkeiten einer spannungsvollen Partnerschaft. In: Merten u. a. (Hrsg.): Sozialarbeiterwissenschaft – Kontroversen und Perspektiven. Neuwied, Kriftel, Berlin 1996.

Ewers, Eberhard: Straffälligenhilfe vor neuen Herausforderungen., in: Informationsdienst Straffälligenhilfe, 15. Jg., 1/2007.

Feltes, Thomas: Kriminologie als interdisziplinäre Wissenschaftspraxis, in: BewHi, 52. Jg., 4/2005, 359 ff.

Feltes, Thomas: Kriminologie und Polizeiwissenschaft im Verbund: Erste Erfahrungen mit dem Masterstudiengang „Kriminologie und Polizeiwissenschaft". Zugleich ein Beitrag zu Bereitschaft und Motivation von Polizistinnen und Polizisten, sich wissenschaftlich weiterzubilden. Beitrag für: Hans-Gerd Jachke (Hrsg.): Polizeiwissenschaft an der Polizei-Führungsakademie und der Deutschen Hochschule der Polizei – Eine Zwischenbilanz. Erschienen Ende 2007 in der Schriftenreihe der Deutschen Hochschule der Polizei.

Frehsee, Detlev: Überlegungen zu Alternativen in der Straffälligenhilfe unter geänderten Sanktionsbedingungen, in : DBH Materialien Nr. 5, 1991.

Frehsee, Detlev: Einführung in die Kriminologie. Fernuniversität Hagen, Kurseinheit 1, 1997.

Glaser, Barney. G.; Strauss, Anselm I.: The Discovery of Grounded Theory: Strategies for Qualitative Research. Chicago 1980.

Greca, Rainer: Zur Institutionalisierung der Sozialarbeiterwissenschaft über den Weg der verbesserten und exklusiven Problemlösungskompetenz und deren öffentliche Verbreitung. 1993. Ohne weitere Angabe angeführt in: Klüsche, Wilhelm: Soziale Arbeit im Spannungsfeld von Hilfserwartung und Selbstverantwortung, in: Klüsche, Wilhelm (Hrsg.): Grundpositionen sozialer Arbeit: gesellschaftliche Horizonte – Emotion und Kognition – ethische Implikationen – Mönchengladbach: Fachhochschule Niederrhein, Fachbereich Sozialwesen 1994.

Gromann, Petra: BASA – Online: Die Modulkonzeption des multimedialen Fernstudiengangs Bachelor of Arts Soziale Arbeit, in: Klüsche, Wilhelm: Modularisierung in Studiengängen der Sozialen Arbeit. Mönchengladbach: FHN, Band 36, 2003.

Haase-Schur, Ilse: Zum Verhältnis von Jugendgerichtshilfe im Spannungsfeld einer neuen Legitimationskrise des Jugendstrafrechts , in: Theorie und Praxis der sozialen Arbeit, 36, 1985.

Hassemer, Winfrid: Kriminologie – Strafrecht – Kriminalpolitik, in: Jahrbuch für Rechts- und Kriminalsoziologie, Nomos 2005.

Hering, Rainer-Dieter: Spezielle Kenntnisse und Qualitätssicherung im Tätigkeitsfeld der Gerichtshilfe, in: BewHi, 45. Jg., 1/1998.

Heinz, Wolfgang: Wissenschaft und Praxis – Zum Transfer von wissenschaftlichen Erkenntnissen in die Praxis der Jugendstrafrechtspflege. Landesgruppe Baden-Württemberg in der Deutschen Vereinigung für Jugendgerichte und Jugendgerichtshilfen e.V. (DVJJ) (Hrsg.): Zwischen Rationalität und Rationalisierung – Jugendstrafrechtspflege auf neuen Wegen?, Heidelberg 2007, 39-64.

Höflich, Peter: Die Ausbildung an Fachhochschulen für Sozialwesen: Vorbereitung auf eine Tätigkeit in der Straffälligenhilfe?, in: BewHi, 45 Jg., 1/1998.

Hradil, Stefan: Soziale Ungleichheit in Deutschland, 8. Aufl., Opladen 2001.

Jehle, Jörg-Marin: Vorwort. In: Jehle, Jörg-Martin (Hrsg.): Kriminologie als Lehrgebiet: kriminologische Aus-, Fort- und Weiterbildung in verschiedenen Studienfächern und Berufsfeldern. KrimZ. 1992.

Jung, Heike: Kriminologische Ausbildung in Deutschland – ein Überblick. In: Jehle, Jörg-Martin (Hrsg.): Kriminologie als Lehrgebiet.: kriminologische Aus-, Fort- und Weiterbildung in verschiedenen Studienfächern und Berufsfeldern. KrimZ, Bd.10. 1992.

Kaiser, Günther (Hrsg.); Kerner, Hans-Jürgen (Hrsg.); Sack, Fritz (Hrsg.): Kleines Kriminologisches Wörterbuch, Heidelberg 1993.

Kaiser, Günther: Kriminologie: eine Einführung in die Grundlagen. Müller: Heidelberg, Karlsruhe 1997.

Kerner, Hans-Jürgen: Vorwort des Herausgebers, in: Kerner, Hans-Jürgen (Hrsg.): Straffälligenhilfe in Geschichte und Gegenwart: Beiträge und Dokumente zur Entwicklung von Gerichtshilfe, Strafaussetzung, Bewährungshilfe, Strafvollzug und Strafentlassenenhilfe aus Anlass des 40. Jahrestages praktischer Bewährungshilfe in der Bundesrepublik Deutschland – Forum: Bonn Godesberg 1990.

Kerner, Hans-Jürgen: Kriminologische Fortbildung durch die Deutsche Bewährungshilfe, in: Jehle, Jörg-Martin (Hrsg.): Kriminologie als Lehrgebiet. KrimZ, Bd.10. 1992.

Kerner, Hans-Jürgen: Wissenschaftstransfer in der Kriminalpolitik. Erfahrungen aus der Mitarbeit am Ersten Periodischen Sicherheitsbericht der Bundesregierung, in: Schöch, Heinz; Jehle, Jörg-Martin (Hrsg.): Angewandte Kriminologie zwischen Freiheit und Sicherheit, Mönchengladbach 2004, 523 ff.; Schumann, Karl F.: Der Erste Periodische Sicherheitsbericht – Politikressource oder Prototyp ohne Zukunft, Jahrbuch für Rechts- und Kriminalsoziologie '04. Baden-Baden 2005.

Kipp, Angelo: Bewährungshelfer im Justizsystem – Akteursorientierte Analysen zur Spannung zwischen gesetzlichem Auftrag, organisatorischem Standort und fachlichem Anspruch, Universität – Gesamthochschule Essen 1994.

Kleve, Heiko: Die postmoderne Theorie Sozialer Arbeit – Ein möglicher Blick auf die real- und theoriehistorische Entwicklung der Sozialarbeit/Sozialpädagogik, in: Das gepfefferte Ferkel, Online-Journal für systemisches Denken und Handeln, September 2002.

Kleve, Heiko: Sozialarbeitswissenschaft, Systemtheorie und Postmoderne. Grundlegungen und Anwendungen eines Theorie- und Methodenprogramms. Lambertus, Freiburg i.Br. 2003.

Klüsche, Wilhelm: Soziale Arbeit im Spannungsfeld von Hilfserwartung und Selbstverantwortung, in: Klüsche, Wilhelm (Hrsg.): Grundpositionen sozialer Arbeit: gesellschaftliche Horizonte – Emotion und Kognition – ethische Implikationen – Mönchengladbach: Fachhochschule Niederrhein, Fachbereich Sozialwesen, 1994.

Klüsche, Wilhelm: Die Ausbildung von SozialarbeiterInnen und SozialpädagogInnen, in: Kersting, Heinz J.; Aristu Jesus Hernández; Budái, Istvan (Hrsg.): Ausbildung für die Soziale Arbeit auf europäischem Level. Mönchengladbach: FHN, Band 13, 1995.

Klüsche, Wilhelm: Vorwort des Dekans, in: Braun, Marianne (Hrsg.): Der "Modellstudiengang Mönchengladbach" des Fachbereichs Sozialwesen der Fachhochschule Niederrhein. Realisierungen, Rezeptionen, Reflexionen. Mönchengladbach: FHN, Band 18, 1996a.

Klüsche, Wilhelm: Konzeption und Akzeptanz der Modellstudiengänge Sozialarbeit und Sozialpädagogik, in: Braun, Marianne (Hrsg.): Der "Modellstudiengang Mönchengladbach" des Fachbereichs Sozialwesen der Fachhochschule Niederrhein. Realisierungen, Rezeptionen, Reflexionen. Mönchengladbach: FHN, Band 18, 1996.

Koepsel, Klaus: Prüfstein Praxis – Entspricht die Ausbildung in Sozialarbeit den Anforderungen der Vollzugspraxis, in: BewHi, 45 Jg., 1/1998.

Kopperschmidt, Josef: Inter-, Multi-, Transdisziplinarität oder: Wie professionalisiert man für eine Profession ohne Eigenschaften? in: Braun, Marianne (Hrsg.): Der "Modellstudiengang Mönchengladbach" des Fachbereichs Sozialwesen der Fachhochschule Niederrhein. Realisierungen, Rezeptionen, Reflexionen. Mönchengladbach: FHN, Band 18, 1996.

Kühne, Adelheit: Kriminologie in der Fort- und Weiterbildung der Mitarbeiter der Sozialen Dienste der Justiz, in: Jörg-Martin (Hrsg.): Kriminologie als Lehrgebiet.: kriminologische Aus-, Fort- und Weiterbildung in verschiedenen Studienfächern und Berufsfeldern. KrimZ, Bd10. 1992.

Kuhn, Thomas S.: Die Struktur wissenschaftlicher Revolutionen. Suhrkamp: Frankfurt am Main 1976.

Kurze, Martin: Soziale Arbeit und Strafjustiz: eine Untersuchung zur Arbeit von Gerichtshilfe, Bewährungshilfe, Führungsaufsicht, Kriminologische Zentralstelle e. V., Wiesbaden 1999.

Lamnek, Siegfried: Theorien abweichenden Verhaltens; eine Einführung für Soziologen, Psychologen, Pädagogen, Juristen, Politologen, Kommunikationswissenschaftler und Sozialarbeiter, 7.Aufl., München: Fink 2001.

Lamnek, Siegfried: Qualitative Sozialforschung. 4. vollst. überarb. Aufl. Basel, Weinheim: Beltz 2005.

Lüssi, Peter: Systemische Sozialarbeit. Praktisches Lehrbuch der Sozialberatung. Bern, Stuttgart 1991.

Luhmann, Niklas (1977): Theoretische und praktische Probleme der anwendungsbezogenen Sozialwissenschaften, in: ders.: Soziologische Aufklärung 3. Soziales System, Gesellschaft, Organisation. Opladen: Westdeutscher Verlag (1981): 321-334.

Lowy, Louis: Sozialarbeit/Sozialpädagogik als Wissenschaft im angloamerikanischen und deutschsprachigen Raum. Freiburg: Lambertus 1983.

Maelicke, Bernd: Management bei Känguru, Kritik des herrschenden Chaos und Plädoyer für einen neuen Aufbruch in der Resozialisierung Strafgefangener, in: Frankfurter Rundschau, Ausgabe vom 20.12.2005.

Maelicke, Bernd, Gottschalk, Wolfgang: Devianz-Management und Netzwerkentwicklung als Innovationsstrategien für Straffälligenhilfe in Archangelsk, in: Zeitschrift für Soziale Strafrechtspflege, Nr. 42, 17. Jg. Dezember 2006, 58.

Marks, Erich; Meyer, Anja; Coester, Marc: Beccaria-Center: Aus- und Weiterbildung in der Kriminalprävention. Zwischenbericht: Stand Nov. 2006. Landespräventionsrat Niedersachsen. http://www.beccaria.de, zuletzt abgerufen am 10.11.2007.

Meier, Bernd-Dieter; Rössner, Dieter; Schöch, Heinz: Jugendstrafrecht, 2. Aufl. München: Beck 2007.

Mittelstraß, Jürgen: Die Stunde der Interdisziplinarität? in: Kocka, Jürgen (Hrsg.) Professionelle Dienstleistung als entmündigende Hilfe, in: Illich, Ivan u. a.: Entmündigung durch Experten. Reinbek 1977.

Mittelstraß, Jürgen: Wissen und Grenzen. Philosophische Studien, Suhrkamp, Frankfurt am Main, 2001.

Rahmenvorgaben für die Einführung von Leistungspunktsystemen und die Modularisierung von Studiengängen. Beschluss der Kultusministerkonferenz vom 15.09.2000.

Reiners, Paul: Auf Rollschuhen unter den Teppich – Die Führungsaufsichtssache Peter Grosch. Düsseldorf: Eggcup 1994.

Reiners, Paul: Beruf: Bewährungshelfer, in: BewHi, 52. Jg., 3/2005.

Reiners, Paul: Was denken die sich eigentlich? Einführung in das Strafrecht für Sozialarbeiter und Sozialpädagogen. Norderstedt: Books on Demand GmbH 2004.

Riege, Marlo: Theorie der Sozialarbeit/Sozialpädagogik, in: Braun, Marianne (Hrsg.): Der "Modellstudiengang Mönchengladbach" des Fachbereichs Sozialwesen der Fachhochschule Niederrhein. Realisierungen, Rezeptionen, Reflexionen. Mönchengladbach: FHN Band 18, 1996.

Rohde, Bernhard: Sozialpädagogische Hochschulausbildung : Eine vergleichende Untersuchung von Studiengängen an Fachhochschulen und wissenschaftlichen Hochschulen. Frankfurt/M., Bern, New York, Paris: Peter Lang, 1989. (Europäische Hochschulschriften: Reihe 11, Pädagogik, Bd. 379).

Sachße, Christoph; Tennstedt, Florian: Die Pädagogisierung der Gesellschaft und die Professionalisierung der Sozialarbeit, in: Müller, S. (Hrsg.): Handlungskompetenz in der Sozialarbeit/Sozialpädagogik II. Theoretische Konzepte und gesellschaftliche Strukturen. Bielefeld: AJZ 1984.

Scherpner, Hans: Theorie der Fürsorge. 2. Aufl. Göttingen 1974.

Schilling, Johannes: Soziale Arbeit, Geschichte – Theorie – Profession, München, Basel: Ernst Reinhardt 2005.

Schulz, Brigitte: Gedanken zum Erfordernis eines Aufbaustudienganges „Sozialarbeit/Sozialpädagogik" – Ein Diskussionsbeitrag; in: BewHi, 45 Jg., 1/1998.

Schulze, Werner: Strafaussetzung und Bewährungshilfe, in: Kerner, Hans-Jürgen (Hrsg.): Straffälligenhilfe in Geschichte und Gegenwart: Beiträge und Dokumente zur Entwicklung von Gerichtshilfe, Strafaussetzung, Bewährungshilfe, Strafvollzug und Strafentlassenenhilfe aus Anlass des 40. Jahrestages praktischer Bewährungshilfe in der Bundesrepublik Deutschland – Bonn: Forum 1990.

Schulz von Thun, Fritz: Miteinander reden 1 – Störungen und Klärungen. Reinbek: Rowohlt 1981.

Schwind, Hans-Dieter: Kriminologie: eine praxisorientierte Einführung mit Beispielen, 16. neubearb. und erw. Aufl. – Heidelberg: Kriminalistik-Verlag 2006.

Sommerfeld, Peter; Koditek, Thomas: „Wissenschaftliche Praxisberatung" in der Sozialen Arbeit, in: Neue Praxis, 24, 1994.

Spittler, Erdmute: Kriminologische Ausbildung in der Sozialpädagogik an Fachhochschulen, in: Jörg-Martin (Hrsg.): Kriminologie als Lehrgebiet: kriminologische Aus-, Fort- und Weiterbildung in verschiedenen Studienfächern und Berufsfeldern. KrimZ, Bd.10. 1992.

Strasser, Peter: Verbrechermenschen – Zur kriminal-wissenschaftlichen Erzeugung des Bösen. 2. erw. Neuaufl. Campus Bibliothek 2005, 25.

Thomas, Jürgen; Stelly, Wolfgang; Kerner, Hans-Jürgen: Freie Straffälligenhilfe unter Veränderungs-druck", in: Neue Praxis, 1/2006.

Tietgens, Hans: Professionalität für die Erwachsenen-bildung, in: Gieseke, Wiltrud. u. a.: Professionalität und Professionalisierung. Bad Heilbrunn: Klinkhardt 1988.

Warneken, Felix; Tomasello, Michael: Altruistic Helping in Human Infants and Young Chimpanzees, in: Science 311: 1301-1303, 2006.

Watzlawick, Paul; Beavin, Janet, H.; Jackson, Don, D.: Menschliche Kommunikation – Formen, Störungen, Paradoxien. Bern: Huber 1969.

Wendt, Wolf Rainer: Die Disziplin der Sozialen Arbeit und ihre Bezugsdisziplinen, Erweiterter Text eines Vor-trages an der Hochschule Potsdam am 4. Dez. 2006. www.deutsche-gesellschaft-fuer-sozialarbeit.de/pdf/-Wendt_Sozialarbeitswissenschaft.pdf, zuletzt ab-gerufen am 10.11.2007.

Wendt, Wolf Rainer: Transdisziplinarität und ihre Be-deutung für die Wissenschaft der Sozialen Arbeit. Deutsche Gesellschaft für Sozialarbeit. www.deutsche-gesellschaft-fuer-sozialarbeit.de/pdf/mit65.pdf, zuletzt abgerufen am 10.11.2007.

Wendt, Wolf Rainer: Die Disziplin der Sozialen Arbeit und ihre Bezugsdisziplinen. Erweiterter Text eines Vortrages an der Hochschule Potsdam am 04. Dez. 2006. http://www.deutsche-gesellschaft-fuer-sozialarbeit.de/pdf/-Wendt_Sozialarbeitswissenschaft.pdf, zuletzt abgerufen am 10.11.2007.

Werner, Jochem-Thomas: Qualitätssicherung und Qualitätsprüfung, in: Marks, Erich; Meyer, Anja; Coester, Marc: Beccaria-Center: Aus- und Weiterbildung in der Kriminalprävention. Zwischenbericht: Stand Nov. 2006. Landespräventionsrat Niedersachsen.

Werner, Jochem-Thomas: Studiengang in Crime Prevention, in: Marks, Erich; Meyer, Anja; Coester, Marc: Beccaria-Center: Aus- und Weiterbildung in der Kriminalprävention. Zwischenbericht: Stand Nov. 2006. Landespräventionsrat Niedersachsen. www.beccaria.de, zuletzt abgerufen am 10.11.2007.

Winter, Michael: Soziale Arbeit unter dem Einfluss neuer sozialer Bewegungen, in: Knüppel, Helmut; Frank, Karl Werner (Hrsg.): Aufbruch oder Ende der Utopie? 20 Jahre Fachbereich Sozialwesen. 50 Jahre Sozialarbeiterausbildung. Fachhochschule Bielefeld 1991.

Wittmann, Wolfgang; Jäger-Busch, Martina; Scheffler, Gabriele: Die Bundesarbeitsgemeinschaft für Straffälligenhilfe, in: BewHi, 51. Jg., 1/2004, 30–43.

Wolf, Gerhard (Hrsg.): Kriminalität im Grenzgebiet, Band 2: Wissenschaftliche Analysen, Schriftenreihe der Juristischen Fakultät der Europa-Universität Viadrina Frankfurt (Oder), Berlin u. a., 1998, 287 ff.

Weitere Bücher von Paul Reiners

Im Eggcup-Verlag:

Auf Rollschuhen unter den Teppich.
– Die Führungsaufsichtssache Peter Grosch –

Eggcup-Verlag 1994;264 Seiten; Paperback;
ISBN: 978-3930004-01-1;12,12 € mit Lesezeichen
www.eggcup.de

Kunstvoll verbindet der Autor die Geschichte des Alkohol-
kranken mit der eigenen Auseinandersetzung des 'Falles'.
Aktenvermerke werden mit Kommentaren und Passagen der
Selbstreflexion versehen. In schonungsloser Offenheit geht
Paul Reiners hart mit sich selbst und seinem Beruf als Bewährungshelfer ins Gericht, räumt er mit einem Mythos auf.
So wird einerseits gezeigt, was Alkoholkrankheit wirklich
bedeutet. Gezeigt wird aber auch, mit wie wenig Verständnis Alkoholkranke gelegentlich bei professionellen Helfern
rechnen können.

Von Richtern und Räubern.
Mini-Krimis im Taschenformat

Eggcup-Verlag 1996;147 Seiten; Paperback;
ISBN: 978-3930004-02-X;5,09 € mit Lesezeichen

In diesem zweiten Buch wirft Reiners einen verschmitzten
Blick hinter die Kulissen der Justiz, des Gerichts und der
Polizei und vergisst dabei auch die nicht, die sozusagen als
Zulieferer alles in Gang halten. Humorvoll werden die klei-
nen Schwächen der Herren Räuber und Einbrecher beleuch-
tet, die es nicht immer leicht haben.

Bei BoD:

Was denken die sich eigentlich ?
Einführung in das Strafrecht für Sozialarbeiter und Sozialpädagogen

ISBN 978-3-8334-1399-5, Paperback, 200 Seiten, € 14,95

Vermittelt wird eine ebenso eingängige wie lehrreiche Einführung in das Strafrecht für Studenten und Berufsanfänger
der Berufsgruppen Sozialarbeit und Sozialpädagogik.

Der Autor nutzt seine praktische Erfahrungen und Kenntnisse des Straf- und Strafprozessrechts zu einem gelungenem
Brückenschlag zwischen Sozialarbeit und Strafjustiz, deren
Akteure nicht immer störungsfrei die Argumente der anderen Profession nachvollziehen können